Linguaggio Del Corpo

*Come Conoscere Il Linguaggio Del
Corpo E Riconoscere I Segnali Verbali E
Non Verbali E Le Emozioni*

Marta Rossi

Sommario

Introduzione

Sapete cosa significa leggere il linguaggio del corpo?

Va bene se non lo sai. Non molte persone lo sanno. È un'arte sottile che può farvi capire cose che riguardano un'altra persona e cosa prova per voi. Saper leggere il linguaggio del corpo di una persona può darvi tante intuizioni sulle persone che vi circondano. Anche se può sembrare strano, leggere il linguaggio del corpo significa prestare attenzione a come gli altri si muovono, usano le loro mani e il loro tono di voce. Qualcosa che può sembrare insignificante come il toccare il loro viso può dire molto quando si sa leggere il linguaggio del corpo. La lettura del linguaggio del corpo è notoriamente usata dall'FBI, e da altri tipi di agenzie, per aiutarle a trovare i colpevoli. Sanno come individuare un bugiardo da un miglio di distanza. Anche se probabilmente non è una parte normale della formazione, questa sarebbe una buona abilità anche per i poliziotti e gli avvocati.

Spero che il mio libro possa esserti di aiuto e darti le risposte che cercavi. Buona lettura.

Come utilizzare questo libro

Prima di tutto, leggete il libro fino alla fine. Non cercate di concentrarvi sull'apprendimento di tutto ciò che è contenuto in questo libro; leggete semplicemente le informazioni e prendete tutto ciò che potete. Dopodiché, leggete di nuovo il libro, prendete appunti e iniziate a fare pratica.

Quando vi sentite pronti per iniziare a leggere il linguaggio del corpo, iniziate a fare pratica con le riviste, la TV e i film. Quando siete in fila nel negozio di alimentari, sfogliate una rivista e vedete se riuscite a riconoscere i veri sentimenti di una persona. È ottimo farlo anche con i talk show. Guardate come si comportano gli ospiti e come rispondono al presentatore dello show, e vedete se si comportano in modo genuino o se preferirebbero essere da un'altra parte.

Poi potete iniziare a guardare le persone intorno a voi. Quando sapete che qualcuno vuole qualcosa da voi, fate attenzione a come si comporta. Noterete che il comportamento è diverso per ogni persona, ma è davvero utile sapere tutto questo perché vi aiuterà a individuare questo comportamento prima che vi venga chiesto qualcosa.

Ora, prima di iniziare ad analizzare le persone intorno a voi, quelle con cui lavori, la famiglia e gli amici, c'è qualcosa che dovete fare prima di interpretarle. Dovete liberare la vostra mente da qualsiasi pregiudizio.

I pregiudizi possono essere qualcosa di semplice come presumere che tutte le persone grasse siano pigre o giudicare una persona in modo diverso perché non si pensa che sia carina. Non potete lasciare che queste cose influenzino il modo in cui leggete il loro linguaggio del corpo. Fare questo vi darà una lettura falsa, e potreste finire per trattarle male senza motivo.

Questi pregiudizi sono probabilmente radicati nella vostra mente fin dalla più giovane età. Queste cose che voi credete sono molto ingannevoli, vi danno una cattiva visione della realtà. Ripercorriamo velocemente alcuni modi per liberare la mente da queste cose, in modo da poter leggere con precisione una persona.

- Prendetevi un po' di tempo. Quando incontrate una persona nuova, prendetevi un po' di tempo per conoscerla. Non potete giudicare accuratamente il suo linguaggio del corpo finché non la conoscete un po' meglio, e sicuramente non potete leggere il suo linguaggio del corpo se iniziate a supporre le cose in base al suo aspetto. Concedetevi un po' di tempo con lei prima di iniziare a supporre cose negative su di lei.
- Siate sinceri con le persone. Forse qualcuno vi ha già dato una visione negativa di un'altra persona. È probabile che voi non abbiate il quadro completo e che abbiate il punto di vista del vostro amico sulle cose. Quando siete con questa persona di cui non siete sicuri, prima di iniziare a supporre cose sul suo linguaggio del corpo, chiedetele di questa

visione negativa. Dovreste farlo solo in modo non conflittuale, in modo da poter imparare entrambi.

- Siate alla ricerca di chiarezza. Ci sono alcune persone che vogliono distorcere il vostro punto di vista sugli altri a loro vantaggio. Non lasciate che questo accada a voi. Dovreste sempre cercare di trovare e formare le vostre opinioni sulle altre persone e ottenere un certo tipo di chiarezza prima di assumere le cose. Dovreste anche fare riferimento al primo punto.

- Ognuno è sé stesso. Ognuno può essere chi vuole essere. Ognuno è diverso, quindi bisogna accettarlo. Non si può leggere il linguaggio del corpo di una persona supponendo che sia proprio come voi, perché non lo è. Accettate il fatto che ognuno è diverso e sé stesso in modo da poter leggere accuratamente il linguaggio del corpo.

Ci deve essere una certa flessibilità quando si inizia a leggere il linguaggio del corpo. Non c'è spazio per la rigidità quando il mondo è pieno di così tante persone diverse.

Quando si tratta di leggere le persone, concentratevi prima di tutto sui loro movimenti completi. Guardate come sono in piedi o seduti e la loro vicinanza a voi. Almeno vogliono stare in quel posto? Si appoggiano a voi? Concentratevi prima di tutto su questo tipo di cose. Poi iniziate a guardare i loro piccoli movimenti, come si muovono le mani, i loro occhi, i loro piedi e il loro respiro.

I loro piccoli movimenti vi diranno cosa nascondono i loro grandi movimenti. Dopo che vi sarete abituati a leggere il linguaggio del corpo, avrete la capacità di iniziare a farlo in qualunque modo sembri meglio.

Una volta che vi siete esercitati a leggere il linguaggio del corpo e avete eliminato i pregiudizi, vedete come ve la cavate bene con la lettura del tono di voce di una persona. Prendetevi un momento per vedere se riuscite a capire come si sente in base al suo tono. Il tono di voce è probabilmente la cosa più difficile da leggere perché ci sono delle somiglianze tra le emozioni.

Soprattutto, seguite sempre il vostro istinto. Con la mente lucida e tutto ciò che imparerete in questo libro, il vostro istinto capterà cose che non avete ancora realizzato coscientemente. Se non riuscite a capire cosa significa quella piega del braccio, seguite il vostro istinto. Cosa pensate che significhi intuitivamente. Il vostro istinto non vi guida mai male.

Prima di tuffarci nella lettura del linguaggio del corpo, ripassiamo alcune regole da ricordare. Queste regole servono per assicurarvi di interpretare correttamente il linguaggio del corpo.

Ci sono quattro regole principali.

- Lettura contestuale - È facile confondere i gesti quando si legge il linguaggio del corpo. Per esempio, potreste essere seduti fuori in inverno a parlare con qualcuno, che ha le braccia e le gambe incrociate e pensare che stia sulla difensiva, ma potrebbe essere che sia semplicemente freddo. Se questa stessa posizione fosse usata in un ambiente diverso, potrebbe significare qualcosa di completamente diverso. Se una persona si gratta il collo potrebbe significare che è incerta o indecisa, o potrebbe semplicemente significare che ha bisogno di fare la doccia. Quando due uomini si stringono la mano, e uno di loro ha una stretta di mano delicata, potrebbe mostrare che ha un carattere debole, ma potrebbe anche significare che ha l'artrite. Se una donna ha una gonna corta, probabilmente si siederà con le gambe incrociate, quindi non date per scontato che sia sulla difensiva. Questo equivale a prestare attenzione all'intero contesto della situazione prima di iniziare a giudicare il linguaggio del corpo di una persona.

- Lettura culturale - C'è una parte del nostro linguaggio del corpo che viene appresa dal nostro ambiente. Ciò significa che ciò che vale per una cultura può non essere lo stesso per altre. Le principali differenze tra le culture sono i gesti d'insulto, la frequenza del tocco, il contatto visivo e lo spazio personale. Invece di stringere la mano, spagnoli e italiani spesso baciano le persone sulla guancia. Se fate un cenno con la testa sì in Bulgaria, state dicendo il no.

Le espressioni giapponesi di sorpresa assomigliano molto all'espressione di paura in America. I Giapponesi faranno anche un cenno con la testa e sorrideranno durante le conversazioni mentre parlano, quindi non significa che siano d'accordo con te. In Arabia Saudita, tenersi per mano equivale a un segno di rispetto reciproco. Un pollice in su in America significa "Va bene", ma in Grecia significa "Al diavolo".

- Lettura a grappolo - Questa è probabilmente la regola più importante, perché vi aiuterà a risolvere i problemi delle prime due regole. Ogni lingua ha le sue parole per formare frasi, ed è così è con il linguaggio del corpo; ogni gesto è una parola; per capirne il significato, bisogna guardare tutto ciò che il corpo sta facendo per formare una frase. Ogni persona arriva con i suoi tic, che fa per abitudine o per noia, quindi se si isola un singolo gesto, non vi aiuta. Per esempio, se vedi una donna che si torce i capelli al dito, potrebbe essere solo un tic, ma se la torsione dei capelli è accompagnata dall'incrocio di gambe e braccia, potrebbe significare che si sente ansiosa o nervosa.

- Lettura congruente - Congruenza è osservare se quello che le persone dicono e il loro linguaggio del corpo corrispondono. Se una persona che ha le braccia e le gambe incrociate e sembra preoccupata risponde alla domanda "Stai bene?" con "Sto bene", significherebbe che sta nascondendo qualcosa. Il linguaggio del corpo congruente non è solo nel gesto e nelle parole, ma può anche essere nel tono di voce della persona. Per esempio, un tono arrabbiato mentre dice: "Sto bene", vi fa intendere che non è così.

È importante prendere il linguaggio del corpo che si legge con il beneficio del dubbio; non è una scienza esatta. Gli esseri umani sono imprevedibili, quindi un po' le cose non sempre funzionano bene. La vita è imprevedibile, e ci sono altrettante contraddizioni nel linguaggio del corpo. Alcune persone hanno perfezionato la scienza del mantenimento del contatto visivo anche quando mentono, mentre altre non l'hanno fatto. Avere un po' di rapporto con una persona prima di analizzarla vi aiuterà sempre a lungo termine.

Ora che abbiamo parlato di come usare le informazioni che imparerete, passiamo alle informazioni effettive

Capitolo 1: Chi dovrebbe conoscere il linguaggio del corpo e perché

Il linguaggio del corpo è una parte molto importante della comunicazione che solo poche persone studiano, eppure occupa la maggior parte del nostro modo di comunicare ed è normalmente più esatto del significato delle parole.

Avete sentito dire che le azioni parlano più forte delle parole, e questo non potrebbe essere più vero perché ci sono alcune cose che si possono comunicare senza dire una parola. Una scrollata di spalle può dire a qualcuno: "Non lo so". Un alzare le sopracciglia può dire "Ho sentito bene?". Alzando un po' i palmi delle mani e alzando un po' le spalle, si dice "Non so che altro fare". Puntare al vostro naso può significare "Proprio così".

Il modo in cui usiamo il nostro corpo aiuta a rafforzare le cose che diciamo. Si può semplicemente dire "Non lo so", oppure si può aggiungere questi gesti: girare i palmi delle mani verso l'alto davanti a se, alzare le sopracciglia, accigliare un po' le sopracciglia, e tirare fuori il labbro inferiore. A questo punto, avete anche fatto ridere qualcuno e avete tolto un po' di pressione a voi stessi o a chiunque fosse nervoso.

Perché la gente si preoccupa dell'impreciso e duro lavoro di cercare di capire il linguaggio del corpo? Voglio dire, noi siamo esperti del linguaggio del corpo già con la mente inconscia, e la nostra mente inconscia è già migliore, più veloce e immensamente più potente della nostra mente cosciente.

Perché dovremmo prenderci il tempo e fare il duro lavoro di trasferire le competenze inconsce alla nostra mente cosciente, peggiorare la situazione, lottando per migliorarla, prima di spingerla di nuovo verso il basso nella nostra mente inconscia una volta che smettiamo di concentrarci su di essa nel nostro cervello cosciente?

La ragione per cui dovremmo fare tutto questo lavoro è che ci permette di sviluppare l'abilità di leggere il linguaggio del corpo degli altri e di controllare il nostro. Imparare questa abilità ci permetterà di diventare migliori comunicatori che usano l'intenzione invece di lasciare la comunicazione al caso.

Per esempio, quando incontriamo una persona per la prima volta, la nostra mente inconscia inizia a cercare di dare risposte a certe domande che l'evoluzione ci ha insegnato sono importanti. È un amico o un nemico? È più o meno potente di me? È un potenziale compagno? Capisce quello che dice? E poi, man mano che la relazione si approfondisce, la grande domanda è: "Posso fidarmi di lei"?

Comunicando con intenzione, si può usare il linguaggio del corpo per creare una qualche forma di fiducia con un'altra persona in modo più rapido e affidabile rispetto a lasciare tutto all'inconscio? Questa è una domanda a cui i venditori sono molto interessati, ma questo vale anche per gli oratori, dato che il pubblico vuole fidarsi della persona sul palco, e la risposta a questa domanda determinerà se crederà a qualsiasi cosa stiate cercando di dirgli.

Un ottimo modo per migliorare la probabilità e la velocità nel creare fiducia è quello di rispecchiare quello che fa l'altra persona. Questo è un fenomeno molto ben studiato nel mondo del linguaggio del corpo. Ci si può guardare intorno e vedere colleghi di lavoro, amici e amanti che si rispecchiano inconsciamente l'un l'altro e concordare sulle cose facilmente, che è il modo in cui il nostro corpo dice agli altri: "Ehi, ci comportiamo allo stesso modo, siamo d'accordo sulle stesse cose, siamo sulla stessa lunghezza d'onda".

Una persona può consapevolmente rispecchiare un completo estraneo, il che migliorerà notevolmente la sua percentuale di costruzione della fiducia e la profondità di costruzione della fiducia. Questo dovrebbe essere fatto in modo sottile e attento, ma è piuttosto raro che una persona si accorga di ciò, a meno che non si diventi estremamente iperattivi nel riflettere ogni singola contrazione dell'altro.

Ma questo come aiuta gli oratori? Come può un oratore rispecchiare un pubblico? Ci sono diversi modi. In primo luogo, allineatevi con loro muovendovi come se foste al loro interno e giratevi verso il palco come se foste un membro del pubblico. In secondo luogo, quando si ha la possibilità di interagire con le singole persone, possibilmente durante un botta e risposta, si può rispecchiare quella persona. Terzo, potete recitare qualcosa e poi far partecipare il pubblico. Assicuratevi solo che sia un qualcosa di adeguato. Si causeranno solo più domande se si inizia a mettere tutti in difficoltà senza motivo.

Lo studio consapevole e l'uso del linguaggio del corpo per scopi psicologici è un lavoro duro, ma quello che otterrete in cambio sarà un legame più forte con chi vi sta intorno.

Inoltre, attraverso la lettura del linguaggio del corpo, è possibile individuare quando una persona inizia a mentire. C'è un capitolo più avanti che tratta di come individuare un bugiardo, ma il segnale più comune di una bugia è quello di non riuscire a mantenere il contatto visivo perché si crede che i propri occhi stiano per rivelare il proprio piccolo segreto. Tuttavia, ci sono alcuni segni non così comuni di menzogna.

Ad alcune persone piace schiarirsi la gola, cambiare il tono della voce o balbettare molto quando mentono. Possono cercare di attirare la vostra attenzione su qualcosa che vi distragga o che rallenti la conversazione per trovare una spiegazione plausibile.

Inoltre, battere il piede, rimbalzare, strofinarsi il viso, arrossire, distogliere lo sguardo o alzare la spalla potrebbe essere un indicatore del fatto che non si sentono completamente a loro agio nella conversazione perché non sono sinceri. Questi sono solo alcuni esempi, e ne parleremo più avanti.

Un'altra cosa che il linguaggio del corpo aiuta è l'espressione dei nostri sentimenti. Quando si presta attenzione ai segnali non verbali, questo aiuta a capire come la persona si sente riguardo alle cose che sta dicendo. Per esempio, qualcuno potrebbe accettare di fare qualcosa, ma il suo linguaggio del corpo vi dice che non vuole. Questo può essere utile se si è un manager o in una posizione di leadership in modo da poter capire chi sarebbe il migliore in un incarico. Se qualcuno non ci mette il cuore, allora probabilmente non farà il lavoro migliore.

Quando si tratta di colloqui di lavoro, il linguaggio del corpo è a volte il fattore determinante. Se il candidato trasmette fiducia e si rilassa sulla materia attraverso il linguaggio del corpo, ha maggiori possibilità di ottenere il lavoro. Come abbiamo discusso, il linguaggio del corpo può far sembrare qualcuno fuori controllo o a disagio. Questo tipo di caratteristiche fanno sì che il candidato risulti meno a suo agio e meno sicuro di sé.

Quando si ha una conversazione con una persona, il suo linguaggio del corpo può farvi sapere se sta prestando attenzione a ciò che dite o se non potrebbe importargliene di meno. Quando si sporge in avanti, dice di essere interessata. Piegarsi all'indietro può significare che si sente superiore o che non è interessata. Se una persona è in piedi vicino a un'altra e si china in avanti mentre parla, potrebbe significare che sta cercando di persuadere l'altra persona o dominare la conversazione. Se qualcuno sta parlando e l'altra persona non stabilisce un contatto visivo, allora si ha l'impressione che non ascolti e che aspetti solo di poter parlare. Questo fa sembrare che non le importi, e potrebbe essere meno probabile che vi ascolti quando parlate. C'è un certo linguaggio del corpo che è più facile da individuare rispetto ad altri tipi. Imparerete di più su come individuarli in questo libro.

Albert Mehrabian

Alla fine degli anni '60, Albert Mehrabian ha fatto diversi esperimenti per imparare quanto siano importanti l'intonazione e la gestualità per condividere un certo messaggio. Scoprì che solo il sette per cento circa della nostra comunicazione è verbale. Il 39 per cento della nostra comunicazione è considerata para-verbale, che significa intonazione e tono, e poi il 55 per cento della nostra comunicazione è non verbale. Queste percentuali ci dicono che il movimento del corpo, i movimenti delle mani e i gesti semplici sono una parte estremamente importante di come gli esseri umani comunicano.

Ora, questi risultati sono probabilmente discutibili perché Mehrabian ha detto che i risultati provengono da un esperimento controllato, e potrebbero non riflettere un'impostazione realistica. Ma ha dato a Mehrabian la possibilità di dimostrare che le parole da sole non danno abbastanza informazioni per aiutare una persona a comprendere completamente il messaggio dell'altro.

- Intonazione

L'intonazione è semplicemente il tono variabile della voce mentre si parla. Prendete la parola "grazie", per esempio. Questa parola è tipicamente vista come una parola positiva. Tuttavia, se una persona dicesse "Grazie" con un tono brusco o deciso, come vi sentireste? Probabilmente la interpreterete in modo molto diverso e non sarà una cosa positiva. L'intonazione gioca un ruolo importante quando si tratta di trasmettere la sensazione.

L'intonazione e le espressioni facciali non sono poi così diverse tra le culture. Il disgusto, in qualsiasi parte del mondo ci si trovi, sarà piuttosto facile da leggere. Allo stesso modo, le intonazioni per esprimere tristezza e felicità sono tipicamente facili da capire, non importa in quale parte del mondo ci si trovi.

- Movimenti e gesti

Le persone spesso usano i gesti per trasmettere le parti inafferrabili dei loro messaggi. I gesti possono anche essere usati al posto delle parole. Per esempio, se volete che una persona continui a raccontarvi qualcosa di interessante, è improbabile che la interrompiate con "Che figata! Puoi dirmi di più?" Probabilmente vi sporgerete in avanti per fargli sapere che siete interessati a saperne di più su ciò che sta dicendo, oppure potreste fare un cenno con la testa.

La maggior parte dei nostri gesti sono con le mani. Negli Stati Uniti, il saluto si dice spesso salutando con la mano. Il pollice in su si usa per dire che qualcosa è buono, o se siamo davvero arrabbiati, possiamo usare il dito medio. Possiamo anche mostrare che siamo impazienti con le mani.

Le difficoltà che riguardano il linguaggio del corpo

Gli inglesi e gli americani hanno un linguaggio del corpo molto familiare, e la gente di quei paesi lo trova più facile da capire. Ci possono essere alcune differenze regionali, ma non sarebbero comunque così difficile da capire. Ora, per gli americani o gli inglesi, avremmo probabilmente capito la comunicazione non verbale da altre culture. Mentre agitare la mano per noi significa salutare, in Croazia invece è visto come offensivo. Pensano che assomigli troppo al saluto nazista.

Capitolo 2: Prime impressioni

Le prime impressioni, come sono sicuro che sappiate, sono una parte estremamente importante per iniziare una relazione. Le prime impressioni si hanno rapidamente quando si incontra una persona. Nella maggior parte dei casi, la prima impressione si ha entro 30 secondi dall'incontro con qualcuno. Il linguaggio del corpo sbagliato può creare una falsa impressione perché una persona leggerà il vostro linguaggio del corpo prima di ascoltare quello che dite.

Imparando a leggere il linguaggio del corpo, si possono migliorare le prime impressioni e leggere le altre persone. Le prime impressioni sono estremamente dipendenti da stimoli non verbali. Le prime impressioni positive di solito implicano:

- Concentrarsi sull'altra persona
- Un contatto visivo adeguato
- Il contatto con gli occhi non dovrebbe apparire come uno sguardo aggressivo verso il basso
- Non guardarsi intorno alla stanza come un maniaco
- Guardate dove si concentra la conversazione
- Stare in piedi a testa alta, con il petto centrato e le spalle all'indietro

Le persone che vogliono creare un buon rapporto si assicureranno di essere in una posizione aperta. L'interno dei palmi delle mani deve essere mostrato regolarmente, il che dice all'altra persona, inconsciamente, che è benvenuta e che il suo messaggio è importante.

Il trucco è, per chiunque voglia fare una buona impressione, sentirsi anche bene dentro. Questo deve essere realizzato se si vuole mostrare una completa integrità all'esterno.

Passeremo in rassegna le piccole cose che si possono vedere quando si incontra qualcuno per la prima volta. I piccoli movimenti, la posizione del corpo e i gesti semplici di una persona possono farvi capire se è interessata o meno a ciò che viene detto e molto altro ancora. Queste informazioni possono poi essere utilizzate per garantire una buona prima impressione.

Stretta di mano

Ricordate quando vi è stato insegnato per la prima volta il modo "corretto" di stringere la mano? Volete una presa salda e forte, giusto? Nessuno vuole stringere la mano a un pesce. Non importa quanto tu abbia successo; quei pochi secondi che ci vogliono per stringere la mano di una persona riveleranno più cose su di essa di quante ne possa rivelare una laurea o un titolo su un foglio di carta.

In tutto il mondo, le strette di mano sono riconosciute come un segno di saluto. Mentre una stretta di mano può apparire come un gesto amichevole, può anche dirvi qualcosa sulla personalità di quella persona. Questo è ciò che rende così importante la comprensione dei significati di certe strette di mano in diverse situazioni.

Una stretta di mano dà inizio a una conversazione, è quasi come qualsiasi incontro professionale o sociale. Questa introduzione ha la capacità di rendere o rompere l'atmosfera dell'ambiente.

Uno studio pubblicato sul *Journal of Personality and Social Psychology* ha spiegato che le persone devono iniziare a prestare attenzione al modo in cui gli altri stringono la mano. Le persone esprimeranno giudizi e opinioni iniziali sulla base di una stretta di mano.

L'Università dell'Alabama ha condotto una ricerca nel 2000, dove ha testato 112 strette di mano e ha confrontato le impressioni che hanno lasciato con la documentazione di cui gli è stato chiesto l'opinione.

Hanno scoperto che la "stretta di mano ferma" era legata a tratti di personalità come l'estroversione e l'apertura a cose nuove. Le strette di mano deboli erano collegate ad alti livelli di ansia e timidezza. Le donne spesso hanno strette di mano più deboli rispetto agli uomini, ma le donne che hanno strette di mano ferme hanno ricevuto valutazioni positive. Anche con le donne, strette di mano forti significavano una forte personalità.

I diversi fattori che hanno dovuto usare per giudicare le strette di mano erano piuttosto complessi. I "giudici" delle strette di mano sono stati addestrati per un mese e gli è stato insegnato a cercare otto caratteristiche:

- Il contatto visivo
- La consistenza
- Vigore
- Durata
- Forza
- Secchezza
- Temperatura
- La stretta nel suo insieme

Ci sono molte cose da considerare quando tutto ciò che ti interessa è stringere la mano per capire che tipo di persona è. La parte facile è che la maggior parte di queste caratteristiche sono correlate tra loro, e questo si riduce ai giudici che guardano a "impressione debole", "impressione positiva", "debole" o "ferma". Le persone che hanno stretto la mano mantenendo il contatto visivo, con vigore e hanno avuto mani calde, forti e presa sono stati viste in modo più positivo. È probabile che, se si ha una stretta di mano ferma, si abbiano tutte le altre caratteristiche.

Il Dr. William Chaplin, il responsabile dello studio, ha detto che la stretta di mano di una persona rimarrà la stessa per tutta la vita e rimarrà in linea con la sua personalità. Gli esperti di linguaggio del corpo sono altrettanto positivi; credono che anche se sei introverso e timido, ci sono alcune cose che puoi fare per dimostrare che hai forza al di là del tuo vigore.

Oltre ad assicurarvi di stringere la mano e di tirarla in modo fermo, dovreste anche tenere il vostro corpo rivolto verso l'altra persona per dimostrare che siete in ascolto e aperti. Quando si stringono le mani in piedi, sembra più positivo, il che è un tentativo per donne e uomini, ma bisogna mantenere il contatto visivo. Una persona è vista come maleducata se cerca una stretta di mano quando l'altra persona ha chiaramente le mani occupate. Se siete ad una festa, dovreste tenere le bevande nella mano sinistra per tenere la destra asciutta e calda, pronta per una stretta di mano. In questo modo si manterrà anche la mano calda e asciutta.

- Offrire strette di mano

Secondo alcune norme culturali, una persona che ha una posizione superiore, come un anziano o un insegnante, dovrebbe essere colui che inizia la stretta di mano invece che una persona che ha una posizione inferiore. Se si è all'incirca alla pari con l'altra persona, quando si tratta di lavoro e di età, offrire la stretta di mano è un modo per sembrare sicuri di sé, e non ci si sorprenderà se l'altra persona sarà il primo a stringere la mano.

Quando vedete i leader mondiali stringere la mano, cercate la persona che appare più rilassata e sicura di sé. Una regola empirica è che se vi mettete a sinistra nelle foto, darete un'impressione migliore che stare a destra, dove vi presentate come sottomessi. Avrete anche il sopravvento nella foto.

- Pressione

Assicurarsi di avere la giusta quantità di pressione durante la stretta gioca un ruolo importante quanto la stretta. Gli uomini tendono a stringere più forte, soprattutto se si cerca di fare un accordo, mostrare più fiducia, o per dare un saluto caloroso. La cosa importante della pressione è avere la giusta pressione per la situazione. Essere saldi nella stretta di mano, senza schiacciare la mano, è sempre meglio di una stretta di mano incerta. Le strette di mano deboli non creano un rapporto.

- Lo "stupido"

Una stretta di mano che non si riesce nemmeno a sentire rivela un debole essere interiore. Se viene usata su un associato o su un datore di lavoro, probabilmente la vedranno come una scarsa fiducia in sé stessi e non si fideranno delle capacità della persona. Alcuni pensano di dover essere "gentili" quando stringono la mano a una donna, ma non dovrebbero. Le professioniste donne rispettano e apprezzano le persone che le trattano come i loro omologhi maschi.

- Lo stritolatore o la stretta di mano dominante

L'esatto opposto dell'ultima stretta di mano è il frantumatore. Quando una stretta di mano è troppo forte, dimostra che la persona sta cercando di compensare in modo eccessivo qualcosa. Questo finirà per far sì che la gente vi allontani.

- Il politico

Qui chi dà per primo la mano usa entrambe le mani per stringere la mano. La stretta di mano si fa come al solito, ma mette anche la mano libera in cima. Questo tipo di stretta di mano ha lo scopo di mostrare fiducia e onestà, non potere. Se ti mettono la mano destra sul gomito, dicono che gli piaci davvero.

- Essere stravaganti

Molte persone hanno iniziato a pensare di dover dare una stretta di mano più sfacciata. Quando cercano di aggiungere qualcosa a una stretta di mano, come un pugno, si sentono immaturi e completamente inconsapevoli. Questo tipo di stretta di mano, però, va benissimo tra amici.

- Il temporeggiatore

Questa è la persona a cui piace tenere quella stretta di mano un po' troppo a lungo. Tenerla troppo a lungo la fa sembrare disperata. Una stretta di mano non dovrebbe durare più di due secondi.

- Il frettoloso

Se da un lato non si vuole che la stretta di mano sia troppo lunga, dall'altro non si vuole che sia troppo breve, il che equivale a congedare una persona che sta cercando di dirti qualcosa. Una stretta di mano breve dimostra la maleducazione della persona, che non si preoccupa o non ha tempo per te. In alcuni casi, può anche significare che è nervosa.

- Distogliere lo sguardo

Una buona stretta di mano non comprende solo le mani. Una persona dovrebbe anche stabilire un contatto visivo e sorridere. Una persona che manca in questo campo mostra che può avere un po' di insicurezza, di sospetto o di timidezza.

- Fissare con lo sguardo

Se si mantiene un contatto visivo molto forte fino al punto di far abbassare lo sguardo all'altra persona, questo mostra aggressività, e ancora di più se la stretta di mano indugia. Occhi socchiusi e labbra arrossate significano aggressività.

- La migliore stretta di mano

Una stretta di mano perfetta è laddove i palmi delle mani si toccano e i pollici si avvolgono l'un l'altro. La presa è ferma ma non schiacciante, e il contatto visivo è morbido e caldo, dimostrando di essere sinceri e amichevoli.

Orientamento del corpo

Prendiamoci un momento per fare una piccola visualizzazione. Immaginate questo: state facendo shopping, vi guardate intorno e vedete un amico del liceo in fondo al corridoio e volete salutarlo.

Tornate indietro verso di lui. Sì, la vostra schiena è rivolta verso di lui, abbiate pazienza. Appena vi avvicinate a lui, giudicando secondo il suo essersi offeso, dite: "Ciao Michael. Che cosa hai fatto?".

Lo spaventerete a morte. Ma questo dimostra anche l'importanza dell'orientamento del corpo quando si tratta di comunicazione non verbale. Avreste potuto stare lì a parlargli dandogli le spalle, ma sembrava quasi impossibile comunicare davvero.

Abbiamo tutti imparato da una regola non scritta che bisogna essere nella posizione "corretta" prima di poter iniziare una conversazione con una persona.

Il corpo si rivolge naturalmente a ciò che vuole.

Probabilmente state pensando: "Sì, e? Questo lo sanno già tutti. Se avete bisogno di qualcosa da un armadietto, vi rivolgete all'armadietto. Volete guardare la televisione; vi mettete di fronte alla televisione". Certo, non è un grosso problema. Ma la gente tende a dare per scontata un'informazione importante, e questo vale per gli esseri umani.

Naturalmente ci rivolgiamo alle persone con cui vogliamo interagire o a cui vogliamo prestare attenzione. Il modo in cui il nostro corpo è orientato rivela molto su cosa o chi ci interessa. Quando due persone stanno avendo una conversazione, si può imparare molto su quanto sono coinvolte nella conversazione cercando di vedere se sono parallele.

Se due persone, che stanno parlando, si guardano in faccia e mettono le spalle parallele l'una all'altra, hanno creato una formazione chiusa. Questo significa che stanno rifiutando fisicamente e psicologicamente tutti gli altri in modo da potersi concentrare l'uno sull'altro. Probabilmente avete notato intuitivamente questo, ma pensate a cosa significa in un ambiente di gruppo e non solo in una conversazione a due.

Quando si osserva un gruppo di persone che parla, si possono facilmente individuare coloro che sono più interessati l'uno all'altro cercando quelli che stanno parallele. Se si vede una conversazione di tre persone, e due di loro sono in piedi parallele l'una all'altra, allora si può facilmente presumere che gli altri stiano cercando di escludere quella terza persona, o che quella terza persona abbia scelto di allontanarsi dalla conversazione.

C'è anche la possibilità che una terza persona voglia partecipare a una conversazione, ma attualmente fa parte di un altro gruppo. Se si segue una linea retta da quella persona, si troverà presto la persona a cui è interessato e con cui sta cercando di impegnarsi.

Se avete due persone che parlano, e sono chiaramente parallele, e un terzo cerca di entrare a far parte di un gruppo, in questo momento possono succedere due cose. Sarà accolto o rifiutato.

Come si può capire se sarà accolto o rifiutato semplicemente osservando il linguaggio del corpo?

- Benvenuto

Se scelgono di accogliere questa nuova persona, dovranno cambiare la loro posizione per consentirne l'ingresso. All'inizio sono paralleli e completamente concentrati l'uno sull'altro, ma ora devono accogliere un terzo, ed entrambi devono dargli un po' della loro attenzione.

Cambiano la loro posizione per ridistribuire la loro attenzione.

Dovranno fare perno per raggiungere un angolo di 45 gradi tra le due persone per formare un triangolo. L'attenzione ora è stata divisa tra i membri del gruppo.

Quando due persone sono a 45 gradi l'una rispetto all'altra e non sono parallele, potrebbe significare che non sono del tutto presi l'uno dall'altra e cercano una terza persona che si unisca a loro.

Potrebbe significare che entrambi sono interessati a questa persona. Accetterebbero volentieri che la terza persona si unisca al loro triangolo finale.

- Rifiutato

Cosa succede se vogliono rifiutare la terza persona? Quando la terza persona si avvicina a questi due, nel pieno della conversazione, lo guarderanno per rispondere a ciò che ha da dire, ma non apriranno la loro posizione corporea per permettergli di partecipare. Questo è un rifiuto, almeno in quel momento.

Potrebbe non significare che lo odiano, ma non vogliono che partecipi alla loro attuale conversazione.

Gli fanno sapere, in modo non verbale: "Per favore, lasciaci soli; stiamo parlando". La maggior parte delle volte, questa persona capirà l'allusione e se ne andrà, o, se davvero disperata, cercherà di farsi strada con la forza.

Lo si può individuare in qualsiasi gruppo di qualsiasi numero, e non solo in tre. Più persone parlano, più quel gruppo diventerà circolare, in modo che l'attenzione di tutti sia equamente distribuita. Se le persone distribuiscono equamente la loro attenzione, allora si può supporre che ci siano degli emarginati.

- Alcuni avvertimenti

Ora, se si vedono persone non parallele tra loro, non significa necessariamente che non siano interessate. Se le persone camminano, o fanno qualcosa che richiede un qualche tipo di attività fisica, avere una posizione del corpo non parallela non significa sempre non essere coinvolti.

Le persone sono anche viste come aggressive se camminano dritte verso l'altro, quindi è per questo che le persone si avvicinano a voi da un'angolazione di 45 gradi, per apparire più positive e avere maggiori possibilità di essere accolte nella conversazione.

Per capire con certezza che le persone coinvolte in una conversazione in cui non sono parallele non sono interessate l'una all'altra, bisogna guardare ad altre cose. Ad esempio, se non parlano così tanto e si guardano spesso intorno nella stanza, allora non sono interessati l'uno all'altro.

Il modo di camminare

Diciamo che siete in un bar e una persona entra come John Wayne. Si potrebbe pensare che sia un duro e sicuro di sé. D'altra parte, si potrebbe avere qualche altro pensiero meno educato. Non importa come lo si vede, è difficile saltare a conclusioni basate sul modo in cui cammina.

Durante gli ultimi tre quarti del secolo, le psicologie hanno dato un'occhiata a queste supposizioni e hanno scoperto che tutti fanno supposizioni basate sul modo in cui una persona cammina. Dopo aver visto l'aspirante cowboy entrare, è probabile che entrambi saremo d'accordo sulla sua personalità.

Ma è una supposizione precisa? Che tipo di caratteristiche si possono leggere dall'andatura di una persona?

Potrebbe non essere quello che si vuole sentire, ma una delle persone migliori su cui informarsi sul modo di camminare e sulle ostentazioni è uno psicopatico.

Vediamo la ricerca sulla connessione tra personalità e andatura. La prima ricerca in materia è stata condotta da Werner Wolff, uno psicologo di origine tedesca, e pubblicata nel 1935. Ha preso otto persone e le ha registrate mentre camminavano giocando a lanciare un anello e indossavano la tuta. La tuta doveva nascondere qualsiasi altro indizio sulla personalità.

Più tardi, fece guardare i film ai partecipanti, film che fece montare in modo che non potessero vedere le loro teste. Tutti hanno avuto le loro interpretazioni delle rispettive personalità in base al modo in cui camminavano.

Ci sono alcuni piccoli dettagli interessanti su questo studio. Per esempio, hanno dovuto usare un metronomo per mascherare il suono delle registrazioni. Wolff ha capito che i volontari potevano facilmente ricavare un'impressione su una persona in base a come camminava, e gli altri spesso erano d'accordo.

Ecco alcune dichiarazioni dei partecipanti sul "Soggetto 45".

- "Noioso, un po' subalterno, insicuro"
- "L'insicuro interiormente cerca di apparire sicuro agli altri"
- "Vanitoso consapevole e intenzionale, desideroso di essere ammirato"
- "Qualcuno che vuole attirare l'attenzione a qualsiasi prezzo"
- "Pretenzioso, senza alcun presupposto per esserlo"

È sorprendente come abbiano avuto impressioni così simili. Ma poiché hanno avuto una piccola campionatura, e non c'era modo di sapere che non hanno colto da alcuni altri spunti, questo studio ha i suoi difetti. Inoltre, tutti quelli che hanno partecipato si conoscevano già, anche se non sapevano chi stavano guardando in ogni video.
Gli esperimenti effettuati ora sono molto più sofisticati. Ora possono utilizzare la tecnologia digitale per ridurre la camminata a un semplice display a punti luminosi su sfondo nero, utilizzando punti bianchi per mostrare i movimenti delle articolazioni. In questo modo ci si libera di ogni altro possibile spunto.

- Ondeggiare o oscillare

Utilizzando l'approccio dello schermo nero e dei punti bianchi, alla fine degli anni '80 gli psicologi statunitensi hanno scoperto che esistono due tipi di passeggiate, che potrebbero essere descritte come un movimento giovanile o più vecchio. Il movimento giovanile comporta un movimento rimbalzante, l'ondeggiamento dei fianchi, grandi oscillazioni delle braccia e frequenti pause. I movimenti più vecchi sono più lenti e più rigidi con un'inclinazione in avanti. La cosa interessante è che la camminata non sempre corrispondeva alla loro età. Una persona potrebbe essere giovane, ma avere un'andatura più vecchia e viceversa. Alcuni pensano anche che le persone con un'andatura più giovane fossero più potenti e più felici; questo rimaneva così anche se la loro età era evidente poiché mostravano il loro corpo e il loro volto

Questo mostrava anche come le persone facessero delle supposizioni coerenti basate sullo stile di camminata delle persone, ma non guardavano per vedere se le supposizioni erano corrette. Per scoprirlo, dobbiamo dare un'occhiata a uno studio britannico e svizzero di qualche anno fa.

Le persone hanno valutato prima di tutto la propria personalità e hanno confrontato le supposizioni fatte da altri in base al loro modo di camminare.

Hanno anche ideato due stili principali di camminata, ma li hanno descritti in modo diverso.

Il primo stile di camminata è sciolto ed espansivo, cosa è stata vista come un segnale di calore, affidabilità, estroversione e spirito d'avventura. Il secondo era uno stile rilassato e lento, che la gente vedeva come una stabilità emotiva. Ma i giudizi basati sulle passeggiate erano sbagliati. Le supposizioni non corrispondevano a ciò che il camminatore diceva della propria personalità.

- False supposizioni

Il nostro messaggio è che tendiamo a trattare una persona in modo diverso in base al suo modo di camminare, così come lo facciamo in base all'abbigliamento, all'accento o all'aspetto. Queste cose sono usate come fonte di informazione per capire che tipo di persona è. Le supposizioni fatte sul volto di una persona tendono ad essere più accurate di quelle basate sull'andatura.

Almeno, questo è vero per la maggior parte dei giudizi basati sull'andatura. Ma possiamo dare un giudizio più accurato in un modo molto più spiacevole, e si basa sulla vulnerabilità.

Nei primi risultati, si è scoperto che le donne e gli uomini con una camminata più lenta, un'oscillazione del braccio più piccola e una falcata più corta erano considerati vulnerabili. In uno studio giapponese pubblicato nel 2006, venne chiesto a diversi uomini quanto fosse probabile che toccassero o chiacchierassero in modo inappropriato con diverse femmine in base al loro stile di deambulazione, raffigurate con display a punti luminosi.

L'unica informazione che avevano era la loro camminata, e gli uomini dissero che avrebbero avuto più probabilità di avvicinarsi a una donna che appariva più vulnerabile, come se fosse apparsa emotivamente instabile o introversa.

Quel che è peggio, i detenuti con un alto punteggio di psicopatia sono più precisi nel riconoscere le persone che sono state aggredite in precedenza semplicemente guardando alcuni video di loro che camminano. C'erano alcuni detenuti che sapevano già di avere questa capacità. Coloro che hanno ottenuto i punteggi più alti nei punteggi di psicopatia hanno dichiarato di prestare spesso attenzione al modo in cui le persone camminano quando esprimono un giudizio. Per esempio, Ted Bundy ha dichiarato di aver scelto una vittima in base al modo in cui camminava.

Ora che lo sappiamo, analizziamo gli stili di deambulazione e il loro significato in modo da poter esprimere un giudizio accurato.

1.   Chi fa più cose contemporaneamente
Quando una persona cammina, mastica una gomma e parla allo stesso tempo, o altre combinazioni, mostra energia positiva. Questo può anche aiutarvi quando vi sentite a corto di energia. Se si inizia a camminare intorno alla casa mentre si parla e si cucina o si organizzano le cose, può dare una spinta alla creatività. Questo significa che se una persona cammina spesso in questo modo, allora è molto fantasiosa.

Se si vede una persona che cammina e parla al telefono e si ferma all'improvviso, la conversazione ha preso una piega più seria. È molto probabile che la gente smetta di camminare e si sieda, se la conversazione diventa seria.

2.   Il Calpestatore

Quando una persona calpesta i piedi per terra, segnala al cervello la posizione di quell'arto. Se una persona calpesta costantemente i piedi quando cammina, potrebbe significare che ha una malattia. Secondo Haydn Kelly, un podologo, la propriocezione potrebbe essere compromessa a causa di una perdita di sensibilità.

Una persona che calpesta i piedi molto potrebbe avere una carenza di vitamina B12, che può anche causare gengive sanguinanti, una lingua dolorante e stanchezza. Questo significa che una persona che calpesta non è aggressiva se succede di continuo.

3.   Colui che strascica i piedi

Una persona che strascica costantemente i piedi non è una persona che è pigra, ma che invece ha paura di cadere a causa di cambiamenti nell' orientamento o di percezione della profondità. Questo è comune nelle persone anziane, ma può succedere a chiunque. Strascicare i piedi può portare anche ad altri problemi medici.

4.   La persona che oscilla il braccio

Il latissimus dorsi, un muscolo, collega la parte bassa della schiena e le braccia, e a causa di questo muscolo, il nostro braccio opposto oscilla quando facciamo un passo per aiutare a sostenere la parte bassa della schiena. Più grande è l'oscillazione del braccio di una persona, più sana è la parte bassa della schiena.

Se una persona ha un braccio che si muove più liberamente rispetto all'altro, potrebbe indicare che ha un problema al collo o alla schiena a causa dell'inattività o di una lesione.

5.   La persona che incrocia il braccio

Una persona che cammina con le braccia incrociate si sente probabilmente vulnerabile. Se voi stessi camminate in questo modo, potreste voler lavorare per correggere questa situazione, soprattutto se siete una donna.

Le donne spesso incrociano le braccia se camminano da sole di notte o in una zona difficile che non conoscono. Gli aggressori sono più propensi a predare le persone che appaiono deboli, quindi è più sicuro tenere le braccia aperte e stare in piedi con un passo veloce.

6.   L' educato

Questa persona cammina leggera sulle punte e tiene gli occhi bassi sul pavimento. Il suo passo è cauto e lento come se avesse paura di sbagliare. Tiene le braccia vicine al fianco per assicurarsi di non intromettersi nello spazio altrui. Non usa il telefono quando cammina, né interagisce con gli amici o con gli altri, a meno che non sia costretta a farlo.

Questa persona è probabilmente educata e introversa. Segue la regola d'oro di trattare gli altri come vogliono essere trattati. Essendo introversa, non comunica verbalmente le cose di cui ha bisogno o che vuole. In un certo senso si aspetta che la gente lo sappia. Questo a volte può farla infastidire con le altre persone, e questo vi confonderà per la loro irritabilità.

Dovreste aspettarvi che siano abbastanza silenziosi, e non dovrebbe essere una sorpresa se si comportano come se doveste sapere esattamente ciò che vogliono.

7.   Il Sostenitore
Questa persona cammina con il suo peso sulle gambe, non in avanti o indietro. Mantiene un passo medio, e i suoi movimenti sono molto fluidi e mai irregolari. Si dedica alle persone e gli fa gesti mentre cammina e a loro piace stabilire un contatto visivo invece di gridare o salutare con la mano.

Questi camminatori sono spesso interessati alle persone piuttosto che ai compiti, e amano godersi la loro vita personale più che il lavoro. Gli piace far parte di un gruppo e fare bene all'interno di un sistema familiare o di una squadra. Gli piace essere riconosciuti per le cose che fanno, ma non lo ammettono. Si distraggono facilmente.

Se volete impressionarli, chiamateli o mandate loro una cartolina. Hanno molte buone qualità, ma alcune persone potrebbero considerarli deboli. Devono lavorare sodo per rimanere concentrati.

8. L'Influencer

Questa persona cammina a testa alta, con le spalle indietro e il petto in fuori. Cammina anche rapidamente con elasticità nel passo. Le piace dedicarsi alle persone che passano e spesso sorride, guarda negli occhi, saluta con la mano o grida "Ciao".

Molte celebrità e politici camminano in questo modo. Queste persone tendono ad essere socialmente abili, carismatiche, divertenti, ma tendono a mostrarsi un po' troppo. Spesso sono esagerati e si impadroniscono dei riflettori, e a volte li tolgono ad altri quando non dovrebbero.

Possono mostrarsi un po' troppo, ma alla fine hanno buone intenzioni.

9. Il Conducente

Questa persona cammina con il suo peso in avanti e con un passo veloce come se stesse lanciandosi in avanti. A volte, quando cammina, svolge più compiti, come parlare al telefono. È bravissima a trovare il modo di aggirare un ostacolo. Non si preoccupa di urtare le persone se deve.

Questa persona ha molti tratti positivi. È bravissima a fare le cose, è produttiva, logica e intelligente. A volte è un po' fredda. È appassionata e competitiva, e questo a volte può essere la sua rovina.

Questi sono i modi di camminare più comune che vedrete. Potreste notare una combinazione di questi modi di camminare in alcune persone, ma vi danno un altro modo di leggere con che tipo di persona avete a che fare.

La testa

Il cenno della testa significa "sì" in quasi tutti i luoghi del mondo, e scuotere la testa significa "no". Un semplice cenno del capo è più spesso usato come un bel saluto, specialmente se le persone sono lontane l'una dall'altra. Semplicemente fa sapere alla persona che "Sì, ti vedo".

La frequenza e la velocità con cui una persona annuisce quando si parla con lei possono avere diversi messaggi. Un cenno lento significa che la persona sta ascoltando attentamente ed è interessata a ciò che avete da dire. Un cenno veloce significa che ti sta dicendo: "Ho sentito abbastanza; voglio parlare".

Potreste anche aver notato come ci sono alcune persone che fanno un cenno con la testa velocemente prima di interrompere la persona che sta parlando, e poi si fanno avanti con entusiasmo.

Se notate che i movimenti della testa contraddicono le loro parole, allora siate sospettosi. Per esempio, se dicono: "Suona bene", ma la loro testa trema, allora non intendono davvero quello che dicono.

Quando i segnali non verbali di una persona contraddicono quello che vi dice con le parole, dovreste sempre leggere quello che il non verbale dice perché tende ad essere più preciso.

- L'inclinazione della testa

Un'inclinazione della testa suggerisce che la persona è interessata alle cose che state dicendo. È un segno di sottomissione che viene spesso usato dalle donne quando sono vicino a una persona che gli piace o sono interessate alla conversazione.

Se notate una persona che inclina la testa mentre parlate, dovete sapere che o gli piacete, o gli piace quello che dite o entrambi. Per scoprire quale cosa è, cambiate argomento. Se la sua mano rimane inclinata, è probabile che sia interessata a qualcosa di più di quello che state dicendo.

L'inclinazione della testa espone una parte molto vulnerabile del corpo. Ci sono molti canini che si sdraiano ed espongono il collo quando si trovano di fronte ad un canino dominante per mostrare la sconfitta, al fine di porre fine all'attacco senza spargimento di sangue o aggressioni fisiche.

Quando una persona inclina la testa vicino a voi, vi dice: "Confido che non mi farai del male". È interessante notare che, se si ritiene di inclinare la testa mentre si parla, l'ascoltatore si fiderà di ciò che si dice. Questa è la ragione per cui molte persone con ruoli di leadership e politici usano il supporto dell'inclinazione della testa quando si rivolgono alle persone.

La gente inclina la testa anche quando guarda qualcosa che non capisce completamente, come un nuovo gadget o un quadro complesso. Quando si inclina la testa in questo contesto, si cambia semplicemente l'angolazione degli occhi in modo da avere una visione migliore. Assicuratevi di tenere a mente il contesto.

- Posizioni del mento

Il mento in posizione orizzontale è considerato neutro. Se il mento è più alto della posizione orizzontale, la persona mostra superiorità, arroganza o impavidità. Alzando il mento, la persona cerca di apparire più alta in modo da poter "guardare dall'alto in basso".

Con il mento sollevato, espone il collo, ma non in modo sottomesso. Dice invece: "Ti sfido a farmi del male".

Quando una persona abbassa il mento al di sotto della posizione orizzontale, può significare che è timida, abbattuta o triste. Sta cercando di abbassare il suo status e la sua altezza. Questo spiega il vecchio detto di "abbassare la testa per la vergogna".

Un mento abbassato può anche significare che sta provando un'emozione profonda o che è impegnato a parlare di sé.

Quando una persona ha il mento abbassato e tirato indietro, si sente giudicata in modo negativo o minacciata. Fa sembrare se stessa come se fosse stata colpita al mento da qualsiasi cosa la faccia sentire minacciata, quindi lo fa tirare indietro in modo difensivo. Questo movimento nasconde in parte anche il collo vulnerabile.

È un gesto molto comune quando uno sconosciuto entra in un gruppo. La persona che inizia a sentirsi come se lo sconosciuto stesse per rubarle l'attenzione è più propensa a farlo.

Se una persona si sente disgustata, spesso tira indietro il mento perché giudica la situazione in modo negativo.

- La persona che butta la testa all'indietro

Questo è un altro gesto sottomesso che viene spesso usato dalle donne quando sono intorno a una persona che gli piace. Buttano la testa all'indietro per un secondo, si girano i capelli, e poi riportano la testa in una posizione neutrale. Oltre a mostrare il collo, questo è anche usato come un modo per attirare l'attenzione comunicando il messaggio "notatemi".

Se c'è un gruppo di donne che parla e poi si presenta un uomo attraente, probabilmente vedrete le donne buttare la testa all'indietro. Le donne lo faranno anche per togliersi i capelli dagli occhi o dal viso mentre lavorano a qualcosa quindi assicuratevi di sapere qual è il contesto prima di giungere a qualsiasi conclusione.

- Deglutire

Quando una persona sente una brutta notizia o si prepara a qualcosa che potrebbe non essere piacevole, si può notare che la parte anteriore del collo si muove come se stesse inghiottendo. Questa deglutizione è talvolta accompagnata da una breve chiusura della bocca come se stesse davvero deglutendo.

Questo è davvero evidente negli uomini perché di solito hanno un pomo d'Adamo più evidente. Fondamentalmente, questo tipo di movimento del collo segnala un qualche tipo di forte emozione. La maggior parte delle volte significa paura, a volte mostra tristezza, ma ci sono momenti in cui potrebbe significare gioia o amore.

Quando una persona si esprime tra le lacrime o piange, è probabile che si veda spesso questo movimento del collo. Se c'è una situazione che fa venire voglia di piangere, per quanto piccola, può causare questo movimento del collo.

Vedrete questo movimento proprio prima che un medico dia una brutta notizia a una famiglia, quando una persona ammette di aver commesso un errore, quando una persona ha paura di essere scoperta e così via.

Le persone faranno questo movimento anche quando avranno le lacrime di gioia o quando diranno a qualcuno che gli vogliono bene.

- Tremare e annuire

Il movimento dell'annuire rappresenta un segno di accordo nella maggior parte delle culture ed è probabilmente accompagnato da sorrisi e altri segni di approvazione. Un vigoroso cenno con la testa mostra tipicamente un forte accordo. Un cenno lento può significare un accordo condizionato.

Quando una persona scuote la testa, di solito significa che non è d'accordo o che disapprova in qualche modo. La velocità di questo scuotimento indica quanto sia forte il suo sentimento. Quando una persona inclina la testa verso il basso mentre scuote la testa, potrebbe significare un certo tipo di disapprovazione.

Quando qualcuno inclina la testa da un lato all'altro spesso significa "non sono sicuro". Nell'India meridionale, questo movimento significa sì.

Una persona che annuisce mentre parlate mostra incoraggiamento e che vuole che continuate a parlare. Se scuote la testa mentre parlate mostra disaccordo e potrebbe finire per fermarvi.

Una persona può usare un cenno di sì con la testa per sottolineare il suo punto di vista. Può essere un cenno sottile o un'inclinazione aggressiva e rapida. Un rapido e acuto cenno può mostrare una testata, il che significa che vorrebbe colpire l'altra persona.

Le braccia

Sia che si incroci le braccia per proteggersi o che le si apra per accogliere una persona, il modo in cui le braccia sono posizionate fornisce molte informazioni con un osservatore attento.

Ci sono alcune posizioni delle braccia che creano determinati stati d'animo. Le braccia incrociate mantengono i sentimenti trattenuti dentro e al di fuori dell'altra persona. Mostrano che una persona ha creato dei blocchi che un'altra persona non può superare. Se si tiene una posizione per troppo tempo, si inizierà a sentirsi negativi e chiusi in sé stessi: a meno che una persona non abbia freddo, nel qual caso tenere le braccia incrociate aiuta solo a mantenere il calore ed è perfettamente normale.

Per quanto riguarda il contatto, può favorire il rilassarsi a patto che si consideri come, dove, quando e anche a chi farlo. Se il contatto è fatto correttamente, aiuta a connettersi e coinvolgersi con una persona. Se è fatto male, le cose possono diventare spiacevoli. Esaminiamo alcuni segnali diversi da seguire quando si incontra qualcuno.

- Segnali di "barriera"

Cercare di trovare una barriera dietro la quale nascondersi è normale, e noi impariamo questa abilità in giovane età per proteggere noi stessi. I bambini spesso si nascondono dietro a tutto ciò che sembra solido, come un genitore, un divano o le gambe del tavolo, se iniziano a sentirsi minacciati in qualche modo. Con l'avanzare dell'età, questo si trasforma in azioni più sofisticate perché diventa inaccettabile nascondersi dietro oggetti solidi. Per questo motivo iniziamo a incrociare le braccia se iniziamo a sentirci minacciati.

Questo continua a svilupparsi durante l'età adulta al punto che gli altri non se ne accorgono nemmeno. Incrociando una o entrambe le braccia sul petto, creiamo una barriera inconscia per cercare di bloccare altre cose che non ci piacciono o che consideriamo minacciose. La ragione per cui pieghiamo le braccia in questo modo è che protegge i polmoni e il cuore; vogliamo proteggere questi organi vitali dagli attacchi.

Scimpanzé e scimmie incrociano le braccia per proteggersi da un attacco frontale.

Questo significa che se una persona si avvicina a voi con le braccia incrociate, potete quasi garantire che abbia un atteggiamento difensivo, negativo o nervoso.

- Problemi con le braccia incrociate

Ci sono state delle ricerche sul gesto delle braccia incrociate, e ci sono stati alcuni risultati interessanti. In uno studio è stato chiesto a un gruppo di studenti di partecipare a una serie di lezioni in cui dovevano sedersi non incrociando le braccia e le gambe per tutto il tempo. In seguito, sono stati esaminati per vedere quanto avevano finito per imparare e le opinioni che si erano fatti nei confronti dell'oratore.

Hanno chiesto a un altro gruppo di studenti di andare alla stessa lezione, ma gli è stato detto di incrociare le braccia.

Alla fine hanno scoperto che quelli che dovevano tenere le braccia incrociate imparavano il 40% in meno di quelli che tenevano le braccia aperte. Il secondo gruppo si era fatto opinioni più critiche nei confronti del docente e delle lezioni e trovava il docente meno credibile.

Anni fa, un altro studio è stato condotto in modo simile con 1500 partecipanti alle lezioni, e i risultati sono stati quasi identici. Hanno scoperto che coloro che si sono seduti con le braccia conserte hanno generato impressioni negative sul relatore, e non hanno prestato attenzione a ciò che veniva detto. Per questo motivo molti centri di formazione hanno scelto di utilizzare sedie con braccioli, in modo che i partecipanti possano stare a proprio agio con le braccia aperte.

- È comodo

Si può chiedere alle persone perché tengono le braccia incrociate, e molti diranno che è comodo. La verità è che qualsiasi gesto sarà sentito come comodo solo se si ha il giusto atteggiamento. Questo significa che se vi sentite nervosi, sulla difensiva, o negativi, tenendo le braccia incrociate vi sentirete a vostro agio. Se siete fuori con i vostri amici e loro hanno le braccia incrociate, non vi sembrerà una cosa positiva.

Con qualsiasi linguaggio del corpo, il messaggio che si invia dipende dal mittente e dal destinatario. Potresti sentirvi "a vostro agio" se avete le braccia incrociate con il collo e la schiena rigide, ma gli studi hanno scoperto che altre persone reagiscono a questi gesti in modo negativo. Questo significa che non solo un'altra persona che ha le braccia incrociate significa davvero che si trova già in una dimensione mentale negativa, ma anche che si dovrebbe cercare di evitare di incrociare le braccia se si vuole mostrare agli altri che si è d'accordo.

- Differenze di genere

La rotazione delle nostre braccia dipende dal nostro sesso. Le braccia degli uomini ruoteranno leggermente verso l'interno, ma una donna ruoterà leggermente verso l'esterno. Questa leggera differenza corporea è la ragione per cui gli uomini possono lanciare con più precisione, e le donne hanno un gomito più stabile per tenere un bambino. Una cosa interessante è che le donne tendono ad avere le braccia aperte quando è vicino a loro una persona che considerano attraente, e incrociano le braccia se non pensano che una persona sia attraente.

- Braccia incrociate sul petto

Tenere entrambe le braccia incrociate sul petto significa mettere una barriera per contenere una persona che non ci piace. Ci sono in realtà molte posizioni diverse di braccia piegate che le persone possono assumere che significano cose leggermente diverse. Questo gesto, con le braccia incrociate sul petto, è universale e dovrebbe essere letto con lo stesso significato negativo o di difesa in quasi tutti i paesi. Lo usano gli estranei in un incontro pubblico; lo faranno anche le persone in coda. In sostanza, qualsiasi luogo in cui una persona si sente insicura o esitante.

Molti faranno questo gesto quando non sono d'accordo con ciò che una persona dice. Gli oratori che non si sono soffermati su questa posizione nei loro ascoltatori non saranno in grado di comunicare il loro messaggio. L'oratore esperto sa di dover usare un rompighiaccio per mettere il pubblico in una posizione ricettiva, in modo che il suo atteggiamento passi da negativo a positivo.

Quando una persona assume questa posizione, può essere sicuro presumere che abbiate detto qualcosa con cui lei non è d'accordo. Potrebbe essere inutile continuare con la vostra argomentazione anche se l'altra persona è d'accordo verbalmente con voi. Ci si può fidare più del linguaggio del corpo che delle parole.

Dovete lavorare per capire il motivo delle braccia incrociate e cercare di far mettere l'interlocutore in una posizione aperta. Il suo atteggiamento crea questo gesto, e poi mantenere il gesto mantiene l'atteggiamento.

Un buon modo per cercare di convincere una persona a rilasciare questa posizione con le braccia incrociate è quello di chiederle di tenere qualcosa in mano o di darle un compito da svolgere. Se le si dà loro uno spuntino, un opuscolo o una penna, la persona deve aprire le braccia e chinarsi verso di voi. Questo la mette in una posizione più ricettiva.

Chiederle di sporgersi in avanti per poter guardare una presentazione può essere un modo efficace per farla aprire. In alternativa, potete anche chinarvi in avanti tenendo i palmi delle mani rivolti verso l'alto, e poi dire: "Ho notato che potrebbe avere una domanda. Cosa vuole sapere?" Poi sedetevi in modo che possa vedere chiaramente che volete che parli. Quando avete i palmi delle mani a faccia in su, le mostrate che vorreste che fosse sincera con te.

Ai negoziatori e ai venditori viene insegnato che non si deve continuare con una presentazione finché la persona non ha dispiegato le braccia. Spesso i compratori hanno già generato una sorta di contrasto che un venditore probabilmente non scoprirà perché non ha notato le braccia.

Una persona che ha i pugni stretti e le braccia incrociate sul petto mostra ostilità e di essere sulla difensiva. Se questo si accompagna a denti stretti o a un sorriso serrato e a una faccia rossa, o se dice verbalmente qualcosa di aggressivo, un attacco fisico potrebbe essere imminente.

- Braccia strette

Questo gesto è il gesto in cui una persona stringe saldamente le braccia con le mani. Questo per rafforzare sé stessa ed evitare di esporre la parte anteriore del corpo. Alcuni stringono le braccia così forte che le nocche diventano bianche. Questa è una forma di abbraccio auto-confortante. Si vede spesso nelle persone in una sala d'attesa o nelle persone che viaggiano in aereo per la prima volta. Dimostra che hanno un atteggiamento trattenuto e negativo.

- I subordinati e i manager

Lo status spesso influenza il tenere le braccia incrociate. Una persona che è più alta nella sua classe sociale può mostrare la sua autorità tenendo le braccia aperte. Questo in pratica dice alla gente: "Sono io che ho il controllo".

Diciamo che siete in una riunione aziendale e che il vostro manager sta presentando nuovi dipendenti. Stringe loro la mano e poi, dopo aver fatto le presentazioni, torna a un normale distanziamento. Le sue mani scenderanno poi lungo i fianchi, in tasca o dietro di lui. Raramente piega le braccia sul petto in modo da non mostrare mai nervosismo?

Ma, una volta che i nuovi dipendenti gli stringono la mano, possono incrociare le braccia, del tutto o in parte, a causa dell'apprensione di trovarsi in presenza di un responsabile. Sia i nuovi dipendenti che il manager si sentono completamente a loro agio con i gesti che hanno scelto come segnale del loro status.

Come pensate che andrebbero le cose se un manager si presentasse a un nuovo dipendente che è sicuro di sé, che pensa di essere importante quanto il lui? Ci sono buone probabilità che dopo un saluto con una forte stretta di mano, faccia un passo indietro, incroci le braccia e tenga i pollici alzati.

I gesti con i pollici alzati mostrano che la persona si sente come se avesse il controllo della situazione. Ogni volta che parla, è probabile che faccia un gesto con i pollici per sottolineare qualcosa che reputa importante. Incrociando le braccia, si crea una certa protezione, ma i pollici alzati dimostrano anche di essere molto sicuri di sé.

Una persona che si sente sottomessa a chi sta parlando, o sulla difensiva, si siede simmetricamente. Ciò significa che entrambi i lati del loro corpo si rispecchieranno l'un l'altro. Apparirà più tesa e spesso sembrerà come se si aspettasse di essere attaccata. Se una persona si sente sulla difensiva e dominante, sarà in posizione asimmetrica, il che significa che entrambi i lati del suo corpo sono posizionati in modo diverso.

- Pollici alzati

Se state dicendo qualcosa a qualcuno e questo incrocia le braccia con il pollice alzato una volta che avete finito di parlare, e sta mostrando anche altri segnali positivi, sarebbe sicuro chiedergli un qualche tipo di impegno o di accordo. Ma, se invece incrocia le braccia e stringe i pugni, potreste non voler provare a fargli accettare qualcosa o a dire di sì.

Sarebbe meglio che iniziaste a fare delle domande alla persona per scoprire le sue obiezioni. Una volta che una persona ha detto di no, tende ad essere difficile cambiare idea senza risultare aggressiva. Poter leggere il suo linguaggio del corpo vi dà la possibilità di individuare la sua negatività prima di farglielo verbalizzare, e poi prendere una linea di condotta diversa.

Storicamente, le persone che indossavano un'armatura o portavano armi non usavano questo tipo di gesti perché avevano un'armatura o un'arma per proteggersi.

- Mezzi abbracci

Da bambino, è probabile che tu abbia ricevuto abbracci dai tuoi genitori o da chi si prendeva cura di te ogni volta che hai affrontato una circostanza di tensione o dolorosa. In quanto adulti, è probabile che cerchiate di ricreare questo conforto quando vi trovate in una situazione di stress. Invece di incrociare completamente le braccia, il che suggerisce paura o ansia, le donne spesso usano un mezzo abbraccio discreto in cui un solo braccio è incrociato sul loro corpo per toccare o tenere l'altro braccio. Queste gesti di barriera con un braccio solo si vedono in situazioni in cui una persona vede sé stessa come un nuovo arrivato in un gruppo o non ha molta fiducia in se stessa.

- La foglia di fico

Questo gesto è quello di stringere entrambe le mani sul basso ventre. Se una persona viene inserita in una situazione in cui è esposta, ma sa che deve apparire sicura di sé e rispettosa, probabilmente starà in piedi con le mani giunte sopra il cavallo o il basso ventre. Potete vedere questo gesto usato dai politici e da qualsiasi altro tipo di leader o da persone che sono sottoposte all'attenzione dell'opinione pubblica. Può essere visto durante gli incontri sociali che sono presieduti da una figura di autorità, come un prete che fa un sermone.

Gli uomini usano questa posizione per sentirsi sicuri, coprendosi i genitali; si proteggono inconsciamente da un attacco. Non lasciatevi ingannare dal fatto che questa sia una posizione naturale e sicura. Questa posizione sembra comoda perché crea uno scudo.

Questa è spesso una posizione che le persone assumono quando sono in fila per il cibo in un rifugio per senzatetto o quando ricevono la disoccupazione perché si sentono vulnerabili. Adolf Hitler stava molto in piedi così in pubblico per mascherare la sua inadeguatezza sessuale.

- Come le persone importanti mostrano le insicurezze

Le persone che sono costantemente sotto gli occhi del pubblico, come gli attori, i politici e i reali, di solito non vogliono che gli altri si accorgano che sono insicuri o nervosi. Vogliono apparire controllati, calmi e freddi quando sono in pubblico, ma continuano a far trapelare la loro apprensione o la loro ansia in qualche "finto" incrocio di braccia. Questo funziona come qualsiasi altro gesto di incrocio delle braccia, un braccio si incrocia davanti al corpo con l'altro braccio, ma non incrociano completamente le braccia. Al contrario, afferrano un bracciale, un bracciale, un orologio, una borsa o qualsiasi altra cosa che sia vicina all'altro braccio. Formano comunque una barriera per sentirsi sicuri.

Si vedono spesso gli uomini con gemelli da polso regolare i gemelli mentre attraversano una stanza dove sono in piena mostra degli altri ospiti.

È possibile individuare un uomo cosciente o ansioso vedendo se si trastulla con un bottone, regola l'orologio, controlla il portafoglio, si strofina le mani, o qualsiasi altra cosa che gli dia la possibilità di raggiungere un braccio davanti al suo corpo. Gli uomini d'affari spesso vanno alle riunioni tenendo un portatile o una valigetta davanti al corpo. Per una persona che sa cosa cercare, questo è un segnale di nervosismo perché questa posizione non fa o mostra altro.

Si possono facilmente individuare questi tipi di gesti in zone dove le persone devono passare davanti ad altri che le stanno osservando. Non si possono individuare facilmente le barriere degli incroci di braccia camuffati di una donna come quelle di un uomo, perché spesso portano una borsa che può essere afferrata per nascondere il loro imbarazzo, ma sembra come se stessero semplicemente tenendo la borsa.

- Oggetti come barriere

Se una persona mette un computer portatile, una tazza o qualsiasi altro oggetto tra lei e voi, sta cercando di creare una barriera protettiva. Si tratta di sforzi subcoscienti fatti nel cercare di nascondere la propria insicurezza o il proprio nervosismo, che ne sia consapevole o meno.

Se vi trovate da qualche parte dove servono da bere, la gente terrà la tazza davanti a sé in entrambe le mani per creare una barriera dietro cui nascondersi.

- Accoglienza

Quando le braccia sono aperte, significa che una persona è onesta, amichevole e ricettiva. Questo dimostra che non nasconde nulla e che ci si può facilmente avvicinare. Questo fa sì che gli altri si sentano a proprio agio e tranquilli e che attirino le persone. Quando le persone si assicurano che il loro corpo sia esposto, gli altri sanno che loro sono aperti e ricettivi a tutto ciò che deve essere detto.

Le braccia aperte fanno sapere alle persone che si è costruttivi, sicuri di sé e rendono l'ambiente più positivo. Una persona che tiene le braccia aperte è affidabile, diretta e sincera, purché gli altri gesti siano ugualmente schietti e aperti.

- Abbracciare

Quando sei all'aeroporto, guarda come la famiglia e gli amici si abbracciano quando le persone arrivano o partono. Quando una persona abbraccia all'arrivo, l'abbraccio è più lungo di quello che si dà quando si parte. Quando le persone si vedono per la prima volta, gli abbracci sono molto intensi e si danno un abbraccio forte. Si portano l'un l'altro nel loro spazio personale. Un abbraccio che si dà alla partenza è meno passionale e più breve. È come se, dal momento che si salutano, debbano liberarsi l'uno dell'altro.

Se una persona ti dà una pacca sulla spalla quando ti abbraccia, lascia che l'abbraccio duri abbastanza a lungo.

Gambe

Quando una parte del corpo è lontana dalla nostra testa, siamo meno consapevoli di ciò che fa. Questo significa che abbiamo più controllo sulle nostre espressioni facciali. La maggior parte delle persone può farvi un finto cipiglio o un sorriso. L'unica parte del nostro corpo di cui siamo meno consapevoli sono i piedi e le gambe.

Questo significa che questa zona è quella da cui possiamo ottenere il maggior numero di informazioni su una persona perché è meno consapevole di ciò che quelle parti del corpo stanno facendo. Mentre il suo volto può apparire composto, un piede inquieto fa sapere il contrario.

Ci sono quattro posizioni principali in piedi che una persona assume:

1. Parallela

Questa posizione è una posizione subordinata in cui i piedi sono vicini tra loro e le gambe sono dritte. Questo è un atteggiamento neutro e formale in piedi. In un ambiente scolastico, i bambini si mettono spesso in piedi in questo modo quando parlano con l'insegnante. Le persone che si trovano di fronte a un giudice spesso si mettono in piedi in questo modo, o se devono incontrare il loro ufficiale comandante.

Quando i piedi sono vicini tra loro, questo riduce le fondamenta e rende precaria la posizione. Una persona, se colta alla sprovvista, può essere facilmente spinta quando si trova in questa posizione. Le persone che non sono sicure spesso assumono questa posizione. Con le gambe vicine, mostrano di sentirsi titubanti.

2. Gambe separate

Si tratta principalmente di un gesto maschile e di una postura stabile. Mostra che la persona è con i piedi per terra. Mostra il suo dominio. In questa posizione tiene le gambe dritte e ha i piedi posizionati alla larghezza dell'anca, in modo che il peso sia equamente distribuito tra le due gambe.

Poiché gli uomini hanno un centro di gravità più alto, adotteranno questa posizione più spesso delle donne. Al di là della loro altezza, gli uomini assumono questa posizione più spesso vicino ad altre persone quando usano la loro postura per comunicare. Segnala la dominanza degli uomini perché mette in evidenza i loro genitali, il che li fa sembrare virili. Negli eventi sportivi, spesso si vedono uomini in piedi in questa posizione.

3. La posizione con il piede in avanti
Tra il Medioevo e il XIX secolo, gli uomini dell'alta società usavano una posizione che metteva in mostra la parte interna della gamba, che consideravano una parte erotica del corpo. Stavano in piedi con il peso sostenuto dalla gamba posteriore, mettevano l'altra gamba davanti a loro per mostrare l'interno coscia. La moda di quei tempi rendeva più possibile mostrare la loro mascolinità e le loro gambe. Vedrete le celebrità sul tappeto rosso fare questo.

Questa è una buona indicazione di quali siano le intenzioni di una persona, perché tutti noi puntiamo il piede di guida verso ciò che abbiamo in mente, e questa posizione dà anche l'impressione che una persona si stia preparando a camminare. Quando si è in gruppo, il piede di guida di una persona punta verso la persona più attraente o interessante, ma quando vuole andarsene, punta quel piede verso l'uscita più vicina.

4. Posizione eretta a gambe incrociate
Questa è una posizione eretta a gambe incrociate. La prossima volta che sarete ad una riunione dove ci sono uomini e donne, probabilmente vedrete alcune persone in piedi con le gambe e le braccia incrociate. Se guardate un po' più da vicino, noterete che sono in piedi più distanti tra di loro di quanto non sia abituale.

Questo è il modo in cui molte persone staranno in piedi quando saranno vicino a persone che non conoscono bene. Se vi prendete un momento per fare loro qualche domanda, probabilmente scoprirete che la maggior parte di loro erano estranei fino a quel momento.

Quando le gambe sono aperte, significano dominanza e apertura, ma quando le gambe sono incrociate, mostra un atteggiamento chiuso o difensivo perché nega simbolicamente all'altra persona l'accesso ai genitali.

- Posizione seduta a gambe incrociate

Stiamo passando da una posizione eretta a una posizione stabile. Il 70% delle persone che si siedono con le gambe incrociate mette la sinistra sulla destra. Questa è una posizione normalmente usata dalla maggior parte degli asiatici e degli europei.

Se una persona ha gli arti incrociati, si sta tirando fuori dalla conversazione, e sarà probabilmente una perdita di tempo convincerla di qualcosa che ha allontanato dalla sua mente.

- Figura numero quattro

Se si guarda in basso a questa posizione seduta a gambe incrociate, sembrerà il numero 4. Invece di incrociare completamente la gamba, le persone la sostengono sopra l'altra gamba. Questa posizione è comunemente usata tra gli uomini americani. Questo probabilmente mostra una persona che si sente competitiva o polemica.

Mentre questo è meno comune in Europa, ci sono più culture che la adottano in tutto il mondo. È comune che gli uomini si siedano così per apparire giovani e rilassati. In luoghi come il Medio Oriente e parti dell'Asia, questa posizione seduta è vista come un insulto perché espone la parte inferiore delle scarpe, che considerano sporca.

Le donne che hanno i pantaloni spesso si siedono così, ma di solito lo fanno solo in presenza di altre donne. Non vogliono che capiti di apparire troppo mascoline assumendo questa posizione vicino agli uomini.

- Morsetto con le gambe

Questa è una figura quattro con le mani giunte sulla gamba superiore. Questo dimostra che la persona è competitiva, e vi fa anche sapere che è testarda e che probabilmente rifiuterà tutto ciò che cercherete di dirgli che va contro quello che già crede.

- Caviglie chiuse

In molti studi sul linguaggio del corpo eseguiti da Henry Calero e Gerard Nierenberg, una persona seduta con le caviglie chiuse tende a nascondere informazioni.

Il personale delle compagnie aeree è addestrato a cercare questa posizione nei passeggeri, perché mostra una persona che ha bisogno di qualcosa ma che è troppo timida per chiedere. I viaggiatori apprensivi si siedono così, soprattutto durante il decollo.

In altri studi, hanno guardato i pazienti in uno studio dentistico.

Di 150 uomini, 128 di loro hanno subito chiuso le caviglie quando si sono seduti sulla poltrona del dentista. Afferravano anche i braccioli o si stringevano le mani sopra l'inguine. Hanno studiato anche 150 donne. Di queste, 90 si sedevano con le caviglie incrociate e mettevano le mani sulla parte bassa del torace.

- Posizione seduta con le gambe parallele

La struttura ossea dei fianchi e delle gambe delle donne dà loro la possibilità di sedersi in questo modo per proiettare forti segnali femminili. Un uomo non può replicare comodamente questa posizione. Quando vengono intervistati, gli uomini dicono che questa è la loro posizione seduta preferita per le donne.

- I piedi che si agitano

Quando i piedi di una persona si agitano, è probabile che la persona raggiunga la soglia dell'impazienza. I suoi piedi ti dicono che vogliono andarsene e quindi devono agitarsi fino a quando non ne hanno la possibilità. Quando si è in piedi, battere il piede ripetutamente mostra impazienza. Se si è seduti con le gambe incrociate, battere il piede su e giù mostra impazienza.

Capitolo 3: Segnali non verbali

Saper comunicare bene è una parte molto importante per avere successo nel mondo professionale e personale, ma non sono le parole che si dicono ad urlare. Piuttosto, è il tuo linguaggio del corpo. Il contatto visivo, il tono della voce, la postura, i gesti e le espressioni facciali sono i vostri migliori strumenti di comunicazione. Hanno la capacità di minare, confondere, offendere, attirare gli altri, creare fiducia o mettere le persone a proprio agio.

Ci sono molte volte in cui ciò che una persona dice e ciò che il suo linguaggio del corpo dice è completamente diverso. La comunicazione non verbale può fare cinque cose:

- Accentuare - Può sottolineare o accentuare il vostro messaggio verbale.
- Completare - Può completare o aggiungere a ciò che si dice verbalmente.
- Sostituire - Può essere usata al posto di un messaggio verbale.
- Contraddire - Può andare contro ciò che si sta cercando di dire verbalmente facendo credere all'ascoltatore che si sta mentendo.
- Ripetere - Può rafforzare e ripetere il vostro messaggio verbale.

Ci sono diverse forme di comunicazione non verbale che vedremo in questo capitolo. Tratteremo:

- Le espressioni facciali - Come imparerete, il volto è espressivo ed è in grado di esprimere diverse emozioni senza dire una parola. A differenza delle cose che diciamo e di altre forme di linguaggio del corpo, le espressioni facciali sono spesso molto universali.
- Postura e movimento del corpo - Prendetevi un momento per pensare a come vedete le persone in base a come tengono la testa, camminano, stanno in piedi e si siedono. Il portamento di una persona fornisce molte informazioni.
- Gesti - Questi sono intessuti nella nostra vita. Parlate in modo animato; discutete con le mani, fate un cenno, indicate e salutate. Tuttavia, i gesti variano da una cultura all'altra.
- Il contatto visivo - Poiché la vista tende ad essere il senso più forte per la maggior parte delle persone, è una parte importante della comunicazione non verbale. Il modo in cui una persona vi guarda, vi può dire se è attratta da voi, ostile, affettuosa o interessata. Aiuta anche a far fluire le conversazioni.

L'interpretazione della comunicazione non verbale può sbagliare in molti modi diversi. È abbastanza facile confondere i diversi segnali, ma il resto di questo capitolo farà in modo che questo non accada.

La parte inferiore del corpo

Le braccia possono condividere molte informazioni. Le mani possono condividere di più, ma la posizione delle gambe ci fornisce informazioni essenziali e dicono a chi è avvezzo esattamente ciò che una persona sta pensando. Le gambe possono dirvi se una persona è comoda e aperta. Possono anche mostrare il dominio o mostrare dove vuole andare.

- Puntatura dei piedi

Osservare la direzione dei piedi di una persona per scoprire dove si trova la sua attenzione. I piedi punteranno sempre verso ciò che è nella mente di una persona o verso ciò su cui si sta concentrando. Tutti hanno un piede di guida, a seconda della mano dominante. Quando una persona a cui siamo interessati sta parlando, il piede di guida punta verso di lei. Tuttavia, se una persona vuole uscire da una situazione in cui si trova, vedrete il suo piede puntare verso un'uscita o come vorrebbe andare via. Se una persona è seduta durante una conversazione, guardate dove sono puntati i piedi per vedere ciò che le interessa.

- Un groviglio timido

Tende ad essere una cosa che le donne fanno più spesso degli uomini, ma chiunque inizi a sentirsi insicuro o timido aggroviglierà un po' le gambe incrociandole sotto e sopra per cercare di bloccare le cattive emozioni e sembrare piccolo. C'è un altro volteggiare timido con le gambe che una persona può fare in piedi. Il vero atto di questo movimento è incrociare una gamba sopra l'altra e agganciare il piede dietro il ginocchio come se stesse cercando di grattarsi un prurito.

- Posizione da arrogante

Questa è una posizione molto evidente in cui una persona cerca di sembrare più grande. Di solito è seduta con le gambe aperte e appoggiate all'indietro. Può anche allargare le braccia e chiuderle dietro la testa. È spesso usata da coloro che si sentono sicuri di sé, superiori o dominanti.

- Toccare

Una persona, in piedi, può solo toccare le cosce o il sedere. Può farlo in modo seducente, oppure può schiaffeggiare le gambe come se dicesse: "Andiamo". Il toccare può anche indicare irritazione. È qui che è importante prestare attenzione al contesto della conversazione.

La parte superiore del corpo

Il linguaggio della parte superiore del corpo mostrerà spesso segnali di segni di difesa, perché le braccia possono essere facilmente usate come scudo, come discusso in precedenza. Ma il linguaggio della parte superiore del corpo coinvolge anche il torace. Esaminiamo un po' il linguaggio della parte superiore del corpo.

- Il Superuomo

Si tratta di un movimento comune di modelli, culturisti, ed è stato reso popolare da Superman. Può avere molti significati diversi a seconda di come una persona lo usa. Nel mondo animale, gli animali cercano di sembrare più grandi quando si sentono minacciati. Se si guarda un gatto domestico, quando si sente spaventato, si sgranchisce le zampe e gli si rizza il pelo. Anche gli esseri umani fanno questo, anche se non è così evidente. Per questo ci viene la pelle d'oca. Non potendo più sembrare più grandi, tiriamo fuori gesti con le braccia, come mettere le mani sulla vita. Questo ci mostra che una persona si sta preparando ad agire in modo deciso.

È una cosa comune negli atleti prima di una partita, o in una moglie che assilla il coniuge. Un ragazzo che sta flirtando con una ragazza intenterà questi gesti per apparire assertivo. Questo è quello che viene definito un gesto di disponibilità.

- Spinta del petto verso l'esterno

Se una persona spinge il petto in fuori, sta cercando di attirare l'attenzione su quella sua parte, e può anche essere utilizzato come un tipo di esternazione romantica. Le donne capiscono che gli uomini sono programmati per essere eccitati dal seno. Quando si nota una donna che spinge il petto in fuori, può essere un invito alle relazioni intime. Gli uomini spingono il petto in fuori per mostrare il loro petto ed eventualmente per nascondere il loro intestino. La differenza è che gli uomini fanno questo sia con le donne che con gli altri uomini.

- Petto di profilo

Se una persona è in piedi di lato o inclinata a 45 gradi, sta cercando di accentuare il torace che si spinge verso l'esterno. Le donne possono farlo per mostrare la curva del loro seno, e gli uomini lo fanno per mostrare il loro profilo.

- Appoggiarsi

Se una persona si sporge in avanti, si avvicina all'altra persona. Ci sono due significati in questo caso. In primo luogo, vi dice che è interessata a qualcosa, che potrebbe essere proprio quello che state dicendo. Ma questo movimento può anche mostrare interesse romantico.

In secondo luogo, un'inclinazione in avanti può invadere lo spazio personale, mostrando così se stessi come una minaccia. Spesso si tratta di un'esternazione aggressiva. È una cosa inconscia che le persone potenti faranno.

Le mani

Le mani umane hanno 27 ossa, e sono una parte espressiva del nostro corpo. Questo ci dà molta capacità di gestire il nostro ambiente.

Leggere i palmi delle mani non significa guardare le linee sulle mani. Dopo il viso di una persona, le mani sono la fonte migliore per il linguaggio del corpo.

I gesti delle mani variano molto da una cultura all'altra, e un gesto delle mani può essere innocente in un paese ma offensivo in un altro.

I segnali delle mani possono essere piccoli, ma mostrano ciò che il nostro subconscio sta pensando. Un gesto può essere esagerato e fatto usando entrambe le mani per mostrare un punto di vista.

- Modellare

Le mani hanno la capacità di tagliare le nostre parole nell'aria per sottolineare le cose che diciamo e quale è il nostro significato. Cercano di creare una visualizzazione dal nulla.

Se un uomo sta cercando di descrivere un pesce che ha preso durante la sua battuta di pesca, potrebbe cercare di mostrarne la forma indicando con le mani. Potrebbe anche ritagliarsi una forma specifica che vorrebbe fosse il suo aiutante ideale. Altri gesti potrebbero essere più crudi quando si tengono in mano alcune parti del corpo e ci si muove in modo sessuale.

- La presa

Una persona con le mani a coppa indica che può aggrapparsi delicatamente a qualcosa. Mostra delicatezza o si aggrappa a qualcosa di fragile. Le mani che si afferrano mostrano desiderio, proprietà o possessività. Più il loro pugno è stretto, più forte è l'emozione che si prova.

Se una persona si tiene per mano, cerca di consolarsi. Potrebbe anche cercare di trattenersi, in modo da permettere a qualcun altro di parlare. Può essere usato se è arrabbiato, e gli impedisce di attaccare. Se si torcono le mani, si sentono molto nervosi.

Tenere le mani dietro la schiena dimostra che si è sicuri di sé aprendo la parte anteriore del corpo. Una persona potrebbe nascondere le mani per nascondere la tensione.

Se una mano si aggrappa all'altra, più stretta e più alta è la presa, più è tesa.

Due mani potrebbero mostrare desideri diversi. Se una sta formando un pugno con l'altra che la tiene indietro, potrebbe mostrare che la persona vuole prendere a pugni qualcuno.

Una persona che sta mentendo cerca di controllare le sue mani. Se le tiene ferme, potreste insospettirvi. Ricordate che questi sono solo indicatori, e dovete cercare altri segnali.

Se una persona sembra che stia tenendo un oggetto come una tazza o una penna, questo mostra che sta cercando di consolarsi. Se una persona tiene in mano una tazza, ma la tiene vicina che sembra che stia "abbracciando" la tazza, sta abbracciando sé stessa. Aggrapparsi a un oggetto con entrambe le mani è segno di una posizione chiusa.

Gli oggetti potrebbero essere usati come distrazione per liberare energia nervosa, come tenere in mano una penna ma scarabocchiando, cliccare su e giù o armeggiare con essa.

Se le mani sono strette davanti a loro, ma rilassate, con i pollici appoggiati, la persona potrebbe mostrare piacere.

- Salutare

Le nostre mani sono usate per salutare gli altri. Il saluto più comune è la stretta di mano. L'apertura del palmo mostra che non si hanno armi nascoste. Il saluto si usa per fare un saluto con la mano, fare il saluto militare e salutarsi.

Questo è un momento in cui possiamo toccare un'altra persona, e potrebbe inviare molti segnali diversi.

Il controllo è indicato dalla stretta di mano e dal mettere un'altra mano sopra alla mano. Quanto forte e quanto a lungo la persona vi stringe la mano vi dice che sta decidendo quando fermare la stretta di mano.

L'affetto può essere mostrato con la durata e la velocità della stretta di mano, i sorrisi e il contatto con l'altra mano. La somiglianza tra questa stretta di mano e quella dominante può portare a situazioni in cui una persona dominante cerca di fingere di essere amichevole.

La sottomissione viene mostrata con un palmo verso l'alto, una floscia stretta di mano che a volte è appiccicosa e viene ritirata rapidamente.

Molte strette di mano usano palmi verticali che mostrano l'uguaglianza. Saranno salde ma non schiaccianti e per un periodo di tempo preciso, così entrambe le parti sanno quando devono lasciarsi.

Salutare con la mano qualcuno è un modo semplice per salutarlo e può essere fatto facilmente da lontano.

I saluti sono di solito fatti solo dai militari, dove lo stile è imposto.

- Controllare

Se la persona tiene le mani con i palmi rivolti verso il basso, potrebbe significare in senso figurato trattenere o aggrapparsi a qualcun altro. Potrebbe trattarsi di un'azione autorevole che vi dice di fermarvi ora o potrebbe essere una richiesta che vi chiede di calmarvi. Apparirà con la mano dominante posta su una stretta di mano superiore. Se è appoggiata alla scrivania con i palmi delle mani verso il basso, di solito mostra il controllo.

Se i palmi dei palmi sono rivolti verso l'esterno verso un'altra persona, potrebbero essere che la persona cerca di allontanare l'altra persona o cerca di difendersi da lei. Potrebbe voler dire: "Fermi, non avvicinatevi".

Se sta puntando il dito o l'intera mano, potrebbe dire a una persona di andarsene in quel momento.

Il volto

Le espressioni facciali di una persona possono aiutarci a capire se crediamo o ci fidiamo di ciò che dice. L'espressione più affidabile avrà un leggero sorriso e un sopracciglio sollevato. Questa espressione mostra fiducia e cordialità.

Spesso giudichiamo l'intelligenza di una persona attraverso le sue espressioni facciali. Le persone che hanno un viso stretto e un naso prominente sono considerate molto intelligenti. Le persone che sorridono e hanno espressioni gioiose possono essere giudicate intelligenti piuttosto che una persona che sembra arrabbiata.

- Gli occhi

Molte persone si riferiscono agli occhi come alla "finestra dell'anima" perché possono rivelare molto di ciò che pensiamo e sentiamo. Mentre parlate con qualcuno, prendete nota dei suoi movimenti oculari. Alcune cose che si possono notare sono il contatto visivo, lo sguardo verso il basso, la velocità con cui ammicca o se ha le pupille dilatate.

1. Dimensione delle pupille

Questo può essere un segnale molto sottile. Il livello di luce all'interno dell'ambiente può modificare la dilatazione della pupilla, ma le emozioni possono causare cambiamenti nelle dimensioni della pupilla. Potreste aver sentito l'espressione "occhi da triglia". Se gli occhi di una persona sono molto dilatati, potrebbe essere eccitata o molto interessata.

2. Ammiccare

Si tratta di una funzione corporea naturale, ma bisogna fare attenzione se una persona ammicca troppo o troppo poco. Le persone che sbattono le palpebre rapidamente potrebbero indicare che si sentono a disagio o in difficoltà. Quando una persona non batte le palpebre abbastanza, potrebbe cercare di controllare il movimento degli occhi. Qualcuno che gioca a poker potrebbe battere meno le palpebre perché sta cercando di sembrare non eccitato per la mano che gli è stata assegnata.

1. Lo sguardo

Quando una persona vi guarda mentre parlate, presta attenzione e mostra interesse. Il contatto prolungato con gli occhi potrebbe sembrare minaccioso. Se si interrompe il contatto visivo e si distoglie rapidamente lo sguardo potrebbe indicare che la persona sta cercando di nascondere i suoi veri sentimenti, che sia disagio o distratta

- La bocca

I movimenti della bocca e le espressioni sono necessari quando si cerca di leggere il linguaggio del corpo. Masticare il labbro inferiore può indicare che una persona si sente insicura, spaventata o preoccupata.

Se si copre la bocca, può indicare che sta cercando di essere educata se sta tossendo o sbadigliando. Potrebbe essere un tentativo di mascherare la sua disapprovazione. Sorridere è il miglior segnale corporeo, ma i sorrisi possono essere interpretati in diversi modi. I sorrisi possono essere genuini, oppure possono essere usati per mostrare cinismo, sarcasmo o falsa felicità.

Fate attenzione a quanto segue:

1. Bocca rivolta verso l'alto o il basso

I cambiamenti sottili nella bocca potrebbero essere un indicatore di come una persona potrebbe sentirsi. Se la bocca è leggermente rivolta verso l'alto, potrebbe sentirsi ottimista o felice. Se la bocca è rivolta verso il basso, potrebbe provare disapprovazione, tristezza o fare delle smorfie.

2. Coprire la bocca
Se una persona vuole nascondere una reazione, potrebbe coprirsi la bocca cercando di nascondere un ghigno o un sorriso.

3. Mordere il labbro
Le persone potrebbero mordersi il labbro quando si sentono stressate, ansiose o preoccupate.

4. Le labbra sono gonfie
Se una persona stringe le labbra, potrebbe mostrare diffidenza, disapprovazione o disgusto.

Capitolo 4 : Segnali di emozioni negative

I segnali silenziosi che mostrate potrebbero danneggiare i vostri affari senza che ve ne rendiate conto. Abbiamo oltre 250.000 segnali facciali e 700.000 segnali corporei. Avere un linguaggio del corpo scadente potrebbe danneggiare i vostri rapporti inviando ad altre persone il segnale che non ci si può fidare di voi. Potrebbe allontanare, bloccare o offendere gli altri.

È necessario tenere sotto controllo il proprio linguaggio del corpo e questo richiede un grande sforzo. La maggior parte delle volte, potresti non sapere che lo stai facendo e potresti danneggiare te stesso e i tuoi affari.

Per aiutarvi a gestire i vostri segnali, ci sono diversi linguaggi del corpo e errori di pronuncia che potete imparare a prevenire. Ecco 14 errori che dovete cercare di evitare:

1. Una stretta di mano troppo forte o troppo debole

Le strette di mano sono di solito la prima impressione che qualcuno riceve da voi. Se la vostra stretta di mano è troppo debole, dimostra che non siete professionali e che potreste essere nuovi. Se la stretta di mano è troppo forte, potrebbe avvertire la persona che siete troppo aggressivi. Cercate di trovare un modo opportuno in modo da poter fare una buona impressione.

2. Guardarsi intorno

Ognuno ha incontrato qualcuno che si guardava costantemente intorno mentre parlava con voi. Probabilmente vi ha fatto pensare che stava cercando di trovare un'altra persona con cui parlare. Non siate questo tipo di persona. Tutti quelli con cui parlate devono essere trattati con rispetto.

3. Non sorridere

Vi rendete conto che sorridere può davvero farvi sentire felice? Alla gente piace credere il contrario. Se riuscite a mantenere un bel sorriso stampato sul vostro viso, vi sentirete sicuri di voi e la gente sarà felice di lavorare con voi. Se vi viene voglia di fare una smorfia, trasformatela in un sorriso.

4. Nessun contatto visivo

Lavoravo con una persona che fissava immediatamente lo spazio ogni volta che qualcuno gli parlava. Diceva che era più facile per lei concentrarsi su ciò che gli altri dicevano se non guardava chi parlava. Le persone usano molti tipi di comunicazione diversi, ma cercano sempre di sorridere e di stabilire un contatto visivo. Anche mantenere un contatto visivo moderato comunica interesse, fiducia e mette tutti a proprio agio.

5. Viso imbronciato

Forse non sapete che avere il viso imbronciato e le sopracciglia corrugate può far pensare agli altri che siete ostili o aggressivi. Questo può scoraggiare una persona dall'essere aperta, o può farla mettere sulla difensiva.

Potete assicurargli verbalmente che la sostenete e che capite ciò che dice.

6. Guardare il vostro telefono

Se siete ad un incontro pubblico, mettete via il telefono. Tutti sono dipendenti dai loro telefoni ora, ma è molto scortese. Cercate di interagire con gli altri e smettete di controllare il vostro telefono ogni cinque minuti. Se avete un'emergenza, va bene. È molto più facile stabilire una connessione se qualcosa non vi distrae.

7. Stare accasciati

Una persona che sta accasciata sulla sedia dimostra che manca di fiducia o di energia. È importante mostrare un po' di trasporto e far sapere agli altri che si crede in sé stessi. Se si sta accasciati o si sta curvi, si sta mandando il messaggio sbagliato. Se avete una postura stabile vi sentirete energici e sarà un buon risultato per tutte le persone coinvolte.

8. Non ascoltare

Non importa che tipo di lavoro svolgete. Dovrete parlare con le persone prima o poi. La cosa principale che romperà o instaurerà una relazione è non ascoltare. L'ascolto può influire sul vostro rapporto con i fornitori, sulle prestazioni dei dipendenti e sulle vendite meglio di altre forme di comunicazione.

9. Parlare troppo velocemente

Sbattere le palpebre velocemente o parlare troppo velocemente mostra sfiducia e nervosismo. Provate a fare una pausa tra una frase e l'altra e lasciate che gli altri finiscano le loro frasi prima di interromperli. Il contatto visivo è estremamente importante. Se avete difficoltà a guardare le persone negli occhi, guardate il centro della loro fronte. Assomiglia al contatto visivo senza avere sensazioni di disagio.

10. Entrare nello spazio personale altrui

Invadere lo spazio personale di un'altra persona ha effetti negativi. Un buon esempio è che gli uomini sembrano sempre invadere lo spazio personale di una donna, che lo sappiano o meno. Questo può generare cause legali per molestie. Lo spazio migliore da tenere tra voi e un'altra persona è di circa mezzo metro. Non trattate lo spazio di un'altra persona come se fosse il vostro.

11. Usare "Ma".

L'uso ripetuto della parola "ma" mentre si parla può causare problemi. Il più delle volte, questo farà sembrare che stiate cercando di inventare scuse o che non vi importa di quello che dice un'altra persona. Si potrebbe dire: "Mi dispiace che il vostro prodotto non vi sia arrivato quella volta, ma sapete com'è il tempo". Questa affermazione non dimostra che siete veramente dispiaciuti. State dando la colpa al tempo piuttosto che affrontare il problema della persona.

12. Una reazione non sufficiente

Se state parlando con una persona, assicuratevi di ascoltare. Questo significa che dovete sorridere, annuire e stabilire un contatto visivo. Anche quando due persone non sono d'accordo l'uno con l'altro, dovreste comunque far sapere all'altra persona che avete sentito quello che ha detto. Questo è semplicemente mostrare loro rispetto. Se non lo fate, lasciate una cattiva impressione.

Osservando gli altri con attenzione, si possono percepire le emozioni da segnali non verbali. Questi indicatori non sono in alcun modo una garanzia. Si potrebbero utilizzare indizi contestuali, oltre a quello che la persona dice e a quello che succede intorno a voi.

Ecco alcune emozioni e come riconoscerle:

- Imbarazzo

Sorrisi falsi

Fare smorfie

Cambiare argomento o cercare di coprire l'imbarazzo

Il viso o il collo è arrossato o rosso

Guardare lontano o verso il basso

Non stabilire un contatto visivo

- Rabbia

Usare il linguaggio del corpo energico

Il viso o il collo è arrossato o rosso

Uso di un linguaggio del corpo aggressivo

Brontolare o digrignare i denti

Sporgersi in avanti

Invadere lo spazio personale dell'altra persona

I pugni sono serrati

- Tristezza

Lacrime

Curvarsi con del corpo

Il tono piatto della voce

Labbra che tremano

- Nervosismo, ansia e paura

La paura può sopraggiungere quando i nostri bisogni primari sono minacciati. Ci sono diversi livelli di paura. Può essere una leggera ansia o fino al terrore cieco. I vari cambiamenti corporei che vengono creati dalla paura la rendono facile da vedere.

Qualsiasi sintomo di stress

Scoppiare in un bagno di sudore freddo

Linguaggio del corpo che indica lotta fuga

Il viso è pallido

Il linguaggio del corpo è sulla difensiva

Secchezza della bocca indicata strofinando la gola, bevendo acqua o leccandosi le labbra

Muoversi in modo irrequieto

Non guardare gli altri

Ansimare o trattenere il respiro

Gli occhi sono umidi

Tensione muscolare come le gambe avvolte attorno a qualcosa, movimenti a scatto, gomiti che vengono trascinati, braccia o mani strette

Labbra tremanti

Sudorazione

Variazioni del tono vocale

Frequenza delle pulsazioni molto alta

Errori di pronuncia

Voce tremante

Capitolo 5 : Segnali di emozioni positive

Un linguaggio del corpo positivo significa che siete disponibili, interessati e aperti. Questo non significa che le persone dovrebbero usare questo tipo di linguaggio del corpo in ogni momento o che sia anche il miglior gruppo di segnali che mostrano che una persona è amichevole; è solo un buon punto di partenza per leggere la positività in sé stessi e negli altri.

- Diventare troppo positivi

Solo perché il linguaggio del corpo è positivo non significa che sia il miglior modo di comunicare. Poiché siamo animali sociali, abbiamo molti atteggiamenti ed emozioni. Se si cerca di usarne solo uno alla volta, sembrerà che tu abbia una visione unidimensionale o sembrerai falso.

Esprimere atteggiamenti attenti e positivi in ogni momento potrebbe danneggiare il vostro status e la vostra reputazione. Spesso la gente inizia a dare questo per scontato e lo ignora. Dovreste prestare attenzione e prendervi cura degli altri, ma solo delle persone che lo meritano.

Questo vale per tutti coloro che vogliono essere molto gentili con la persona con cui escono. Come possono gli altri prendersi cura di voi, se cercate solo di aiutare gli altri e ignorate voi stessi; apparirete superficiali e noiosi. Non ci sarà alcuna emozione o tensione.

- Chinarsi in avanti

Quando a una persona piace qualcuno, vuole avvicinarsi a lui. Sembrerete più interessanti se vi avvicinate a lui. Quando una persona si appoggia, e soprattutto se sorride e annuisce, dimostra che è interessata alle cose che dite e che vorrebbe che continuaste.

Questo significa che dovete sempre annuire con la testa e chinarvi in avanti?

No, esagerare potrebbe causare due problemi:

1. Se vi piegate troppo in avanti, potreste invadere lo spazio personale dell'altro e farlo sentire a disagio. Questo è un altro motivo per cui ci pieghiamo in avanti quando vogliamo intimidire un avversario. Questo tipo di inclinazione sarà più aggressiva e più tesa.
2. Se vi appoggiate costantemente e sorridete con tutti, apparite come se foste molto desiderosi di piacere. Abbasserete il vostro status agli occhi degli altri.

Paragonate l'inclinazione alla guida. Quando premete il pedale dell'acceleratore, più siete attivi, più siete coinvolti Se non premete il pedale, sembrerete più distanti e rilassati. Non esagerate perché dovreste cambiare la vostra velocità per ogni situazione.

Come per la guida, la direzione in cui una persona si china ha un grande impatto. Gesticoleremo e ci chineremo verso le cose o i luoghi che vogliamo.

- Niente da nascondere

Pensate a un periodo in cui siete stati lontani dai vostri amici o dalla vostra famiglia per un lungo periodo di tempo. Come vi hanno accolto quando vi hanno rivisto? Hanno allargato le braccia ed esposto i palmi delle mani come se vi stessero abbracciando da lontano? Questo gesto positivo e aperto può scaldarvi il cuore.

Anche se non potete usarlo tutti i giorni con tutti; il vostro capo potrebbe pensare che la vostra mente vi abbia lasciato, o che abbiate vinto alla lotteria. Potete usare gesti simili per mostrare un linguaggio del corpo positivo, onesto e aperto.

Quando i palmi delle mani sono rivolti verso l'esterno, questo rivela un segno di onestà e di volontà e non è in alcun modo minaccioso. Fate sapere all'altra persona che non state nascondendo nulla e che può fidarsi di voi. Ecco alcuni altri segnali che potrebbero aiutare a mostrare collaborazione e sincerità:

1. Sorridere
2. Mantenere il corpo dritto per mostrare energia e fiducia
3. Tenere aperti i vestiti e il corpo; non tenere niente davanti a voi.
4. Avere un buon contatto visivo. Questo dimostra che non avete paura, ma che siete attenti.

5. Mettere le mani in una posizione neutrale. Non guardarle mai dall'alto in basso e non inchinarsi mai ai loro desideri.

- State alla larga dalle barriere

Per ottenere la fiducia di una persona, bisogna assicurarsi di non apparire come una minaccia e di non vederla come una minaccia. Avere un linguaggio del corpo sulla difensiva può influenzare il vostro atteggiamento. Se siete sulla difensiva, questo renderà difficile agli altri accettarvi e avvicinarvi.

Per questo motivo, dovete mantenere aperto il linguaggio del corpo e non mettere barriere.

Il vostro obiettivo deve essere quello di liberarvi delle vostre difese e creare un'atmosfera sicura, calda e accogliente. Dimostrate agli altri che non avete paura di loro e che anche loro non devono avere paura di voi.

Questo è un processo, e i perfetti sconosciuti non saranno i vostri più grandi fan. Se capite quali sono i passi da fare, potete conoscere il loro atteggiamento nei vostri confronti e accelerare le cose.

I passi sono i seguenti:

1. I totali sconosciuti avranno probabilmente le gambe o le braccia incrociate o forse entrambe. Staranno lontani da voi. Potrebbero anche tenere qualcosa davanti a sé o abbottonarsi il cappotto.
2. Mentre si avvicinano a voi, potreste notare che le loro gambe non si incrociano e altre barriere scompaiono. Potrebbero avvicinarsi un po' di più a voi.
3. Potrebbero cominciare a gesticolare di più e a mostrarvi i loro palmi delle mani.
4. Aprono le braccia.
5. Potrebbero indirizzare o chinare il corpo verso di voi.

Prendere l'iniziativa potrebbe aiutare gli altri ad aprirsi a voi. Tutti noi inconsciamente iniziamo a copiare il linguaggio del corpo delle altre persone. Si può invertire questo processo assumendo una posizione di difesa.

La velocità del processo dipende dalla cultura, dal carattere, dal fatto che siano o meno estroversi o introversi, e dal contesto, come incontrare uno sconosciuto per strada o incontrarlo a una festa.

Capitolo 6 : Segnali universali non verbali

La comunicazione non verbale sarà diversa per tutti, e lo è in culture diverse. Il background culturale di una persona definirà la sua comunicazione non verbale perché alcuni tipi di comunicazione, come i segnali e i segni, devono essere appresi.

Poiché ci sono vari significati nella comunicazione non verbale, ci può essere una comunicazione errata quando persone di culture diverse comunicano. Le persone potrebbero offendere un'altra persona senza volerlo a causa delle differenze culturali. Le espressioni facciali sono molto simili in tutto il mondo.

Ci sono sette micro-espressioni che sono universali, e le approfondiremo in un capitolo successivo, ma sono: disprezzo/odio, sorpresa, rabbia, paura, disgusto, tristezza e felicità. Potrebbe anche essere diverso il modo in cui le persone mostrano questi sentimenti perché, in certe culture, le persone potrebbero mostrarli apertamente laddove invece altri non li mostrano.

Tu sei un americano e fai un viaggio in Italia. Non parli italiano. Non porti con te un traduttore e hai dimenticato il tuo dizionario di traduzione. Devi fare affidamento sulla comunicazione non verbale per comunicare con gli altri.

Hai trovato un bel ristorante tranquillo che vuoi provare, quindi punti sulla tua scelta nel menu. Paghi il conto e te ne vai. I dipendenti annuiscono verso di te con il capo poiché te ne vai da cliente soddisfatto.

Ci potrebbero essere altri momenti in cui le cose non andranno bene a causa della comunicazione non verbale, come quando le persone non vi guardano negli occhi o si offendono quando le guardi negli occhi.

Anche i cenni con la testa possono avere vari significati, e questo causa problemi. In alcune culture la popolazione potrebbero dire "sì", ma persone di una cultura diversa interpreteranno "no". Se annuisci in Giappone, lo interpreteranno come se li stessi ascoltando.

Qui ci sono diverse comunicazioni non verbali e come sono diverse nelle varie culture:

- Spazio fisico

Le persone in diverse culture avranno tolleranze diverse per lo spazio tra le persone. Le persone del Medio Oriente amano essere vicine quando parlano con gli altri. Altre persone potrebbero avere paura di essere vicine agli altri mentre parlano.

Gli americani e gli europei non sono altrettanto tolleranti nei confronti delle persone che entrano in quello che considerano il loro spazio fisico. Questo ancora meno quando si parla di asiatici. Ognuno avrà il proprio spazio personale in cui non vuole che gli altri entrino. Ci sono molte culture in cui il contatto ravvicinato tra sconosciuti è molto accettabile.

- Paralinguaggio

Il modo in cui parliamo costituisce ciò di cui parliamo. Intonazione, ritmo, volume, toni vocali, possono esprimere di più di quello che le parole effettivamente dicono. Le persone asiatiche possono trattenersi dal gridare perché è stato loro insegnato fin dall'infanzia che questo non è accettabile.

Questo è ciò che si chiama qualificazione vocale. Urlare, lagnarsi e piangere sono caratterizzazioni vocali che possono cambiare il significato del messaggio. In alcune culture, ridacchiare è un pessimo gesto. Ci sono diverse emozioni che possono essere espresse attraverso le differenze vocali, ma fanno tutte parte del paralinguaggio di una persona.

- Espressioni facciali

I nostri volti possono mostrare emozioni, atteggiamenti e sentimenti. Le culture possono determinare il grado di queste espressioni. Gli americani mostreranno le emozioni più delle persone provenienti dall'Asia.

La maggior parte delle espressioni facciali sono le stesse in tutto il mondo, ma alcune culture non le mostrano in pubblico. Questi significati sono riconosciuti ovunque. Mostrarc troppe espressioni può essere considerato poco profondo in certi luoghi dove altri lo considerano come essere deboli.

- Postura e movimento del corpo

Le persone possono ricevere un messaggio o un'informazione dal modo in cui il tuo corpo si muove. Può mostrare come una persona si sente o cosa pensa di voi. Se non vi guarda in faccia quando parlate, può significare che è timida o nervosa. Può anche mostrare che non vuole davvero parlare con voi. Altri movimenti, come sedersi lontano o vicino a qualcuno, potrebbero mostrare che sta cercando di controllare l'ambiente. Potrebbero cercare di mostrare potere o fiducia.

La postura di una persona, come sedersi sdraiata o dritta, può mostrare la sua condizione mentale. Avere le mani in tasca potrebbe mostrare mancanza di rispetto in varie culture. Se vi trovate in Turchia o in Ghana, non sedetevi con le gambe incrociate, perché questo è considerato offensivo.

- L'aspetto fisico

Questa è un'altra buona forma di comunicazione non verbale. Le persone sono sempre state giudicate per il loro aspetto. Le differenze di abbigliamento e le differenze razziali possono dire molto di chiunque.

Farsi belli è un tratto importante della personalità in molte culture. Quello che si pensa sia un bell'aspetto varia da cultura a cultura. Quanto modesti si è viene misurato in base al proprio aspetto.

- Toccare

Il toccare può essere considerato maleducato in molte culture. La maggior parte delle culture considera accettabile la stretta di mano. Abbracci e baci, insieme ad altri tipi di contatto, sono visti in modo diverso in culture differenti. Gli asiatici sono molto conservatori su questo tipo di comunicazione.

Dare un colpetto sulla spalla o sulla testa di una persona ha vari significati anche in culture diverse. Picchiettare la testa di un bambino in Asia è molto brutto perché la sua testa è un pezzo sacro del suo corpo. I paesi del Medio

Oriente considerano il fatto che persone di sesso opposto si tocchino come un tratto caratteriale molto brutto.

Come e dove una persona viene toccata può cambiare il significato del tocco. Bisogna fare attenzione se si viaggia in luoghi diversi.

- Gesti

Bisogna fare attenzione al pollice alzato, perché le diverse culture lo considerano in modo diverso. Alcuni potrebbero vederlo come un "ok" in alcune culture, ma potrebbero vederlo come volgare in America Latina. I

In Giappone rappresenta il denaro.

Schioccare le dita può andare bene in alcune culture, ma in altre è considerato offensivo e irrispettoso. In alcuni paesi del Medio Oriente, mostrare i piedi è offensivo. Puntare il dito è un insulto in alcune culture. La gente in Polinesia tirerà fuori la lingua quando saluta qualcuno, ma nella maggior parte delle culture, questo è un segno di derisione.

- Contatto visivo

La maggior parte delle culture occidentali considera il contatto visivo un buon gesto. Ciò dimostra onestà, fiducia e attenzione. Culture come quella dei nativi americani, ispanici, mediorientali e asiatici non considerano il contatto visivo un buon gesto. Si pensa che sia offensivo e maleducato.

A differenza delle culture occidentali che lo considerano rispettoso, altre non la pensano così. Nei paesi dell'Est, le donne non possono assolutamente avere un contatto visivo con gli uomini perché mostra interesse sessuale o potere. La maggior parte delle culture accetta gli sguardi come se mostrassero solo un'espressione, ma in molte di esse si pensa che fissare gli occhi sia scortese.

Conclusione

Grazie per essere arrivati fino alla fine di questo libro, spero che sia stato istruttivo e in grado di fornirvi tutti gli strumenti necessari per raggiungere i vostri obiettivi, qualunque essi siano.

Essere in grado di leggere le persone è una grande abilità da avere nella vita. Gli usi di questa abilità sono infiniti. Essere una macchina della verità ambulante è un'abilità straordinaria, e una persona non sarà mai più in grado di ingannarvi.

Tenete a mente che ognuno è diverso. A parte i segnali universali, ci possono essere alcuni segnali che sono diversi per le persone. Ci sono alcune persone che si prendono la mano quando sono ansiose, e altre che lo fanno quando sono turbate. Assicuratevi di conoscere un po' la persona prima di assumere qualsiasi cosa in base ai suoi movimenti.

CPSIA information can be obtained
at www.ICGtesting.com
Printed in the USA
BVHW090324050621
608821BV00010B/1986